START.

JON ACUFF

DÊ UM SOCO NA CARA DO MEDO
TRABALHE NO QUE INTERESSA
FUJA DA MÉDIA
E...

START.

São Paulo, 2013

COORDENAÇÃO EDITORIAL
Filipe Nassar Larêdo

REVISÃO
Equipe Novo Século

EDITOR ASSISTENTE
Daniel Lameira

DIAGRAMAÇÃO
Project Nine

TRADUÇÃO
Carina Matos Martins

CAPA
Gabriel Calou

PREPARAÇÃO
Richard Sanches

Texto de acordo com as normas do Novo Acordo Ortográfico da
Língua Portuguesa (1990), em vigor desde 1º de janeiro de 2009.

Dados Internacionais de Catalogação na Publicação (CIP)
(Câmara Brasileira do Livro, SP, Brasil)

Acuff, Jon
Start : dê um soco na cara do medo : fuja da média :
trabalhe no que interessa
Jon Acuff ; [tradução Carina Matos Martins].
Barueri, SP : Novo Século Editora, 2013.

Título original: Start.

1. Carreira profissional - Desenvolvimento 2. Planejamento
3. Realização pessoal 4. Satisfação no trabalho I. Título.

13-07677   CDD-650.14

Índices para catálogo sistemático:
1. Carreira profissional : Desenvolvimento : Administração   650.14

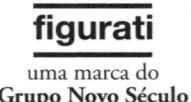

Alameda Araguaia, 2190 – Bloco A – 11º andar – Conjunto 1111
CEP 06455-000 – Alphaville Industrial, Barueri – SP – Brasil
Tel.: (11) 3699-7107
www.gruponovoseculo.com.br | atendimento@gruponovoseculo.com.br

uma marca do
Grupo Novo Século

"Pai, por que o nome da L.E. Aparece três vezes na dedicatória de Quitter e o meu nome só aparece uma vez?"
— McRae, minha filha, então com cinco anos

"Boa pergunta. Você pode escrever a dedicatória do próximo livro."
— Eu

"Boa. Vou dizer: 'Para Jenny, McRae, e L.E.'"
— McRae

Sumário

1   VOCÊ ESTÁ AQUI 9

2   O COMEÇO 27

3   O QUE ESPERAR QUANDO VOCÊ ESTÁ COMEÇANDO 41

4   APRENDIZADO 69

5   FOCO 91

6   DOMÍNIO 119

7   COLHEITA 143

8   ORIENTAÇÃO 171

E AGORA?   AÇÃO É SEMPRE MELHOR QUE INTENÇÃO 193

SAIBA TAMBÉM: 10 MANEIRAS DE ACELERAR A GRANDEZA
COM AS REDES SOCIAIS 205

10 COISAS PARA FAZER SE VOCÊ ESTÁ
DESEMPREGADO 217

AGRADECIMENTOS 225

1

VOCÊ ESTÁ AQUI

Se algum dia você voar pela Korean Air, fique de olhos fechados até chegar à classe econômica. Pode ser que você precise ir encostando aqui e ali, mas, acredite, essa inconveniência momentânea vale a pena. É melhor não ver como são os assentos da primeira classe.

O problema é que você entra pela frente do avião. Se seus olhos estiverem abertos, você imediatamente dá de cara com o país das maravilhas da aeronáutica. A primeira classe não é cheia de poltronas; é cheia de pequenos casulos de luxo. Eles têm suas próprias tocas para dormir e descansar, isolados, durante o voo de dezesseis horas. E, se você vir essas cúpulas do prazer a caminho de sua poltrona, vai ficar arrasado.

Para que você entenda exatamente o que acontece enquanto passa pelas diferentes classes de assentos, a Korean Air atribui códigos de cores às poltronas. As cúpulas do prazer da primeira classe são estofadas em um tecido lilás que parece querer aconchegá-lo e sussurrar: "Você não queria que esse voo durasse mais?". A próxima classe de assentos é azul-clara, como a cor de um avental que você compraria nessas lojas de cozinha depois de ter sido atraído para dentro pelo cheiro de *muffins*. A classe executiva é em azul-escuro, séria, mas ainda confortável. Finalmente, no fim do caminho das cores – e no fundo do avião – você chega à classe econômica, ao seu assento, que é marrom, a cor da decepção.

Outra coisa que seria bom que você soubesse, caso esteja voando para a Ásia, é que o Vietnã não é perto da Coreia do Sul. Eu achava que eram uns cem quilômetros de distância e que, talvez, olhando pela janela do aeroporto em Seul, eu conseguiria ver o Vietnã do outro lado. Eu estava errado.

Depois de dezesseis horas viajando de Atlanta para a Coreia do Sul, tivemos que voar mais seis horas de Seul para Hanói. Então embarcamos em um trem noturno para o interior do país. Não sei se havia poltronas de primeira classe azulzinhas disponíveis naquele trem, mas sei que não era nelas que estávamos sentados. O banheiro coletivo era só um buraco de metal no chão que dava direto nos trilhos. Achei até divertido. Minha mulher achou outra coisa.

Após uma noite inteira sacolejando através de montanhas iluminadas pelo luar, chegamos a Sapa. De lá, dirigimos outras sete horas em estradas de terra à beira de abismos. Imagine a estrada mais perigosa que você já esteve, tire as muretas e acrescente búfalos.

Finalmente, após horas de uma paisagem de tirar o fôlego, pontuada por momentos de puro pânico, deparamo-nos com algo que eu jamais esperaria ver: motoqueiros franceses.

Minha confusão inicial foi por eles não estarem em bicicletas de dez marchas dos anos 1960, com baguetes nas cestinhas, e por nenhum deles estar de boina. (Tudo que eu sei sobre a França aprendi em quebra-cabeças).

Emperiquitados com equipamentos de segurança que pareciam apocalípticos e com uma camada de poeira equivalente a uma semana, eles estavam obviamente longe de casa. Perdidos no mais profundo nada que eu já tinha visto, os motoqueiros gesticulavam para alguns aldeões vietnamitas amontoados em torno de um mapa aberto no guidão de uma de suas motocicletas.

Paramos no acostamento para ajudá-los a achar seu próximo destino. Steve, um americano que tinha vivido dezoito anos na Ásia, olhou pela janela do ônibus para o mapa dos motoqueiros.

"Nossa", ele disse para Hua, nosso motorista vietnamita, "este mapa é incrível. Olha como é detalhado! A gente devia ter um desses".

Então ele fez uma pausa um pouco antes de baixar seu vidro e disse: "Mas, no fim, nem o melhor mapa do mundo ajuda se você não sabe onde está".

Steve tinha razão. Sem um ponto de origem, até o melhor mapa é inútil. Se você abrir o GPS em seu celular agora e tentar achar uma rota, a primeira coisa que ele vai perguntar é onde você está. O Google Maps não pode te dizer como atravessar o estado, nem mesmo como atravessar a rua, sem um ponto de origem. Mas a maioria de nós, quando chega a hora de entender para onde estamos direcionando nossas vidas, nunca para e faz a pergunta mais simples: "Onde estou?".

Nós simplesmente seguimos em frente, dia após dia, baia após baia, cada vez mais rápido, porém chegando a lugar nenhum. Eventualmente, no fim de nossas vidas, começamos a fazer alguns questionamentos. Finalmente paramos tempo suficiente para reexaminar nossas decisões e quem sabe até fazer perguntas difíceis a jovens autores de monocelhas em aviões.

Foi o que uma vovó de setenta e poucos anos fez comigo em um voo de Dallas a Baltimore. Ela estava voltando de uma viagem de jogatina em Reno com sua irmã. Eram duas senhoras ativas, que riam e brincavam uma com a outra no fundo do avião. Durante o voo, dei a ela uma cópia do meu livro *Quitter*. Juro que não faço isso sempre. Não uso calças cargo com os bolsos cheios de livros e digo, "Gente, o que é isso? Como isso veio parar no meu bolso? Que loucura! É meu livro best-seller da lista do *Wall Street Journal*! Vou autografar para você, mas, por favor, nada de fotografia com flash. Resseca meus poros".

De qualquer forma, nós estávamos conversando sobre vida e sonhos, e, dar a ela uma cópia de *Quitter*, que fala das duas coisas, parecia algo natural.

Depois de ter lido por uma hora, ela se inclinou na minha direção para se fazer ouvir apesar do barulho do motor e me fez uma pergunta para a qual eu não estava preparado.

"O que você faz quando acabam todas as suas desculpas para não ir atrás de seus sonhos? O que você faz?"

Havia tristeza em suas palavras. Uma sensação de medo e resignação que parecia sugar toda a alegria da animada viagem de fim de semana com a irmã. E, mais triste ainda: eu não tinha como responder a ela. Não sabia a resposta, mas sabia que havia uma.

Tinha que haver, porque eu não queria que você ou eu chegássemos aos oitenta ou noventa anos e percebêssemos que comprometemos os melhores anos de nossas vidas fazendo algo que não era para nós. Não queria olhar para trás e me perguntar para onde minha vida foi.

Isso aconteceu comigo uma vez quando eu tinha trinta anos. Através de uma série de decisões ruins, eu finalmente acordei um dia em uma baia e me dei conta de que tinha estado no piloto automático nos últimos dez anos da minha vida. E sabia que isso aconteceria de novo se eu não tivesse cuidado.

Percebendo onde havia me metido, comecei a escrever sobre a pergunta daquela senhora. Escrevi cinquenta mil palavras tentando encontrar a resposta, contudo, como a maioria das coisas na minha vida, ela apareceu quando eu olhava para o outro lado.

Uma tarde, em um encontro com um amigo, comecei a dissecar a vida de Dave Ramsey em uma lousa. Ele já era um autor e homem de negócios incrivelmente bem-sucedido, coisa que eu também quero ser. Estava curioso sobre como ele tinha conquistado tanta coisa. Quando comecei a mapear a trajetória da vida dele, fiz uma descoberta bem simples sobre o que é preciso para ser incrível. Não é complicado nem raro; na verdade, desde o início dos tempos, todas as vidas incríveis atravessaram os mesmos cinco estágios:

1. Aprendizado
2. Foco
3. Domínio
4. Colheita
5. Orientação

Como um simples mapa da vida, esses são os cinco estágios na estrada que leva à grandeza. E, até recentemente, eles batiam certinho com sua idade.

COM VINTE ANOS, VOCÊ VIVIA NO APRENDIZADO.

Você foi ou não para a faculdade e arrumou um emprego. Tentou várias coisas e se arriscou. Você ainda não sabia bem quem era, então tentou vários empreendimentos e fez o que pôde para aprender mais sobre si mesmo, sobre o mundo à sua volta e sobre onde você se encaixava melhor.

AOS TRINTA ANOS, PASSOU PARA O FOCO.

Você começou a se concentrar naquele punhado de coisas que funcionaram bem quando estava na casa dos vinte. Você não parou de aprender, mas começou a focar nas coisas que pensava serem mais importantes. Priorizou suas paixões. Eliminou velhos hábitos não deram certo aos vinte e se concentrou em fazer mais coisas que ama e menos coisas que odeia. Foi um período de separar o joio do trigo. Você focou em sua carreira, em relacionamentos e em todas as partes de sua vida.

NA CASA DOS QUARENTA, SUBIU PARA O DOMÍNIO.

Você melhorou suas competências e as ajustou às coisas mais importantes na fase dos trinta anos. Então chegou a hora de dominá-las. Você ia ser um pai ou mãe incrível, um amigo incrível, um empregado incrível etc. Você não limitou mais sua vida; só tinha uma maior certeza sobre o que fazia bem e como fazê-lo regularmente. Não era mais o jovem em ascensão no trabalho; era aquele com quinze ou vinte anos de experiência. Testado e aprovado. Começou a liderar projetos e iniciativas maiores. Ainda não era um expert, mas era o próximo da fila.

AOS CINQUENTA, APROVEITOU SUA COLHEITA.

As sementes que você plantou aos vinte, trinta e quarenta anos começaram enfim a dar frutos. Você ganhou mais dinheiro em sua carreira durante essa década e colheu o que plantou. Não houve mistério algum. Se você passou as casas dos trinta e quarenta anos trabalhando duro para ser considerado um especialista em sua área, você obviamente teria mais oportunidades de emprego do que se tivesse pulado de vaga em vaga 47 vezes e culpado seus chefes por "não reconhecerem o seu talento". Se você deliberadamente se dedicou aos relacionamentos aos vinte, trinta e quarenta, adivinhe? Você colheu relações abundantes aos cinquenta anos. Quando seu filho universitário bateu o carro, você recebeu uma efusão de apoio e amor. Muitas pessoas foram ao hospital, e alguém provavelmente até levou uma comidinha caseira.

COM SESSENTA, ENTROU EM UMA ÁREA DE ORIENTAÇÃO.

Você se aposentou com um relógio de ouro e uma chácara na Flórida. Tornou-se avô ou avó. Você era o mais velho, o guardião da sabedoria. Teve que retribuir generosamente às pessoas que estavam trilhando pelo caminho por onde você andou por mais de quarenta anos.

Se você queria atingir a grandeza, foi essa a rota que seguiu. Dezenas de milhares de pessoas já provaram que o caminho é esse.

Mas se é tão fácil seguir esse caminho, se os passos são tão claramente marcados, por que tantas pessoas não o seguem? Bem, a má notícia é que esta não é a única rota no mapa. E, como uma trilha no meio das montanhas, o caminho para a grandeza é muito mais estreito do que a outra estrada, mais comum.

Bilhões de pessoas já viajaram e continuam a viajar por esse outro caminho, que fica mais largo a cada dia. O terreno é propício – até mesmo gramado – e depois de uma breve subida, ele continua, seguro e constante, ladeira abaixo, quando a maior parte das pessoas se permite acionar o piloto automático.

Parece bom. Não é preciso muito esforço. O problema é que, nesta estrada larga, você não termina incrível. Só termina velho.

Esta estrada é chamada de "média".

A parte complicada é que as duas rotas começam no mesmo lugar. E as duas terminam em Colheita e Orientação. A diferença-chave é que, se você trilhou a rota da grandeza, a Colheita é abundante e você guia outras pessoas por seus próprios caminhos de abundância. Se, por outro lado, você ligou o piloto automático na estrada mediana, sem nunca ousar acreditar que pudesse aprender, focar e dominar seu quinhão de grandeza, terá uma colheita que nem você nem ninguém deseja. E então irá orientar, mas, em vez de iluminar o caminho da grandeza para os outros, se tornará um farol indicando as pedras nas quais despedaçou sua vida.

Mesmo que não se esforce como meus antigos vizinhos faziam, sempre haverá alguém que vai falar de você em voz baixa, como se você tivesse uma casa mal-assombrada ou uma fornalha imensamente grande no porão, que nem no filme *Meus vizinhos são um terror*. Você quer saber como os *meus vizinhos* fizeram?

Eles ficaram tão amargos que decidiram passar o tempo assegurando-se de que qualquer bola ou *frisbee* que surgisse em seu gramado fosse rapidamente confiscado e catalogado. Depois de alguns anos sugando todos os brinquedos da vizinhança, levaram meu amigo Marc ao tribunal e apresentaram todas as evidências. Imagino a cara dos jurados quando se depararam com bolas etiquetadas com datas.

É isso que você quer que sua vida se torne? *CPI da Bola*? Nem eu. Então por que a maioria das pessoas decide fazer o caminho da média?

A verdade é que eles não decidem. A única coisa que você precisa fazer no caminho da média é não morrer.

Você se forma no ensino médio ou na faculdade e entra em ponto morto. Claro, pode ser que você não esteja indo tão rápido, mas está fazendo muitos quilômetros por litro de gasolina e alcançando algum progresso, se é que isso pode ser chamado assim. Você certamente está ficando mais velho e isso quer dizer alguma coisa, não quer? Com a idade vem a sabedoria? Não necessariamente. Especialmente no piloto automático. No fim, você vai seguir a inércia até sua cova.

O caminho da média é o mais fácil dos dois caminhos, e é perigosamente confortável. Passei muito anos nele sem perceber.

O caminho da grandeza?

Também é perigoso, mas do tipo bom. O tipo de perigo que grandes conquistas precisam atravessar. Nele há montanhas altas, pedras e um eventual dragão. Você vai sangrar, sua disciplina será testada e seus sonhos desafiados mil vezes. Mas, *ahhhh*, é incrível. E esse é o pulo do gato: quando eu digo que é incrível, não quero dizer que "pode ser" incrível. Ele é incrível!

Eu nunca escreveria um livro dizendo: "Em quarenta anos, você conseguirá frutos impressionantes em sua vida se aguentar o tranco por quatro décadas". Não quero uma vida assim. Por que deveria convencer você de que precisa de uma?

A GRANDEZA ESTÁ MAIS DISPONÍVEL DO QUE NUNCA

A chance e a velocidade com que você pode alcançar a grandeza nunca foram maiores. Três forças da natureza colidiram para criar uma tempestade que acontece uma vez por século e é ainda maior do que aquela na qual Patrick Swayze surfou no fim do filme *Caçadores de emoção*. (Procure no Google.)

1. A APOSENTADORIA ESTÁ MORTA.

A mãe do meu amigo Luke foi professora na mesma escola por 28 anos. Ela ia acabar se aposentando, porque era isso que se fazia: você trabalhava em um lugar, confiava na Previdência Social e então se aposentava confortavelmente em uma casa, cujo valor havia sido financiado ao longo de algumas décadas. Aí ela foi demitida. De repente, como milhões de pessoas na casa dos quarenta e cinquenta, ela se viu forçada a encarar a difícil tarefa de começar uma nova carreira, ou o que as pessoas têm chamado de "bis profissional". Com mais de cinquenta anos, ela tinha que ter vinte de novo. Mas, ela não está sozinha. Em 2011, 20% dos novos empreendedores tinham idade entre 55 e 64 anos.[1]

O mercado pode se recuperar, mas os ideais, não. Governo, empresa, casa. Você não pode contar com eles para aquecê-lo quando chega aos sessenta e está pronto para hibernar. Além disso, especialistas acreditam que a idade para se aposentar deve ser esticada até setenta ou oitenta anos. São décadas além da linha de chegada cruzada pelo avô da minha esposa. Para a geração que está na casa dos cinquenta, isso significa começar de novo. Para a que tem trinta ou quarenta anos, significa almejar uma linha de chegada completamente diferente. A aposentadoria está morta.

2. QUEM MANDA É A ESPERANÇA.

Você sabe quantas pessoas da minha turma, que se formou em 1998, lançaram projetos para construir poços na África? Sabe quantas perguntaram qual porcentagem de sua compra estava indo para o Haiti? Sabe quantas usavam sapatos TOMS? A resposta em todos os casos é zero. Mudar o mundo era algo com que as pessoas se importavam às vezes, não na hora, e livros brilhantes refletem isso. Em *Halftime*, Bob Buford disse há 50 anos que, depois das pessoas passarem a primeira metade de suas vidas focadas no sucesso, era hora de passarem a segunda metade

---

1   Glenn Ruffenach, "Eyeing an Encore Career? Expect a Bumpy Transition", *Smart Money*, 2 de julho de 2012.

focadas em mudar o mundo. Se você disser hoje a alguém de 22 anos que antes de mudar o mundo é preciso trabalhar por vinte anos, ele vai rir de você. A Geração Y e a Geração X, inspiradas pela mudança cultural, querem significado agora. Quem manda é a esperança.

3. QUALQUER UM PODE JOGAR.

Em 2000, paguei a um designer dois mil dólares para construir um website. Ele cobrava por página e tinha aprendido a desenvolvê-las lendo um livro. Um livro! Não é fascinante? Nós achávamos que a alvorada da internet tinha acabado com todos os guardiões da informação. Não acabou. Só introduziu novos. Como desenvolvedores, designers e especialistas em mídias sociais. No entanto, estes dias estão contados. Mães ganham milhões com blogs. Adolescentes criam negócios no Facebook. Pessoas constroem impérios no Pinterest. Especialistas ainda existem, mas a tecnologia está enfim disponível para todos. Qualquer um pode jogar.

Não sou um futurólogo. Sou um "presentólogo", que nem é uma palavra de verdade, porém soa mais convincente do que imediatista. Essas três forças que descrevi não estão no horizonte. Elas são o horizonte; para você, para mim e para qualquer um que esteja disposto a fugir da média.

Como resultado, você pode ser mais incrível, com mais frequência e muito mais velocidade hoje.

A revolução da internet não acabou. Ela mal começou. E uma das maiores coisas que fez foi encurtar radicalmente o caminho para você alcançar seus sonhos.

Enquanto os cinco estágios da grandeza se mantiveram por décadas, alcançar seus sonhos costumava ser uma conquista para depois da meia-idade. Você tinha que ganhar experiência, além de dinheiro, reputação ou graduações de instituições onde se joga squash. O caminho para a grandeza levava décadas e havia pouco a se fazer para encurtá-lo. Todo mundo precisava dedicar seu tempo.

A internet, especialmente as mídias sociais, mudou isso. Você só precisa encontrar seu ponto de partida e se manter no caminho certo.

Em 2008, comecei um blog na minha cozinha. Não tinha um *layout* especial. Não tinha nenhuma foto. Não tinha nenhuma habilidade tecnológica que me tornasse um candidato ideal para as mídias sociais. Usei o template grátis do Blogspot, e nem tive uma ideia original. Havia outro blog chamado *Stuff White People Like* [Coisas que os Brancos Gostam]. Era uma sátira. Achei que seria engraçado fazer uma versão cristã do site. Então fiz, achando que me entediaria em uma ou duas semanas e partiria para outra. Afinal, as outras cinquenta URLs horríveis que eu tinha registrado não deram em muita coisa. "Word-Ninja. com" não foi a lugar nenhum.

Contei a cem amigos sobre o site e comecei a escrever parágrafos bobos. Em seu oitavo dia de existência, quatro mil pessoas do mundo todo apareceram para ler. Os cem amigos tinham passado o link para cem amigos que passaram o link para cem amigos que acabaram falando para o pessoal de Cingapura ler.

Você consegue ao menos imaginar como eu teria compartilhado minhas ideias com quatro mil pessoas em oito dias, de graça, há trinta anos? O que eu faria? Marketing porta a porta? Bateria na porta das pessoas dizendo: "Oi, tenho umas ideias sobre quão estranho é que algumas pessoas abracem de frente enquanto outras abraçam de lado. É meio 'eu gosto de você o suficiente para oferecer um braço, mas não vamos enlouquecer de vez e nos abraçar usando os dois'. Posso por favor sentar em sua sala e ler algumas de minhas outras ideias para você? Quando terminarmos, você se importa de discar para seus amigos no telefone pregado na parede de sua cozinha e avisar que estou disponível para ler minhas ideias em domicílio? Outra coisa, você conhece gente em outros países, como Cingapura, por exemplo? Se importa de dar uma ligada para eles também? Obrigado!".

Isso jamais daria certo. E, se esse fosse meu único caminho para a grandeza, eu ainda estaria na rota da média. Alguns anos atrás, você e eu tínhamos poucas chances de encontrar nossa trilha para uma vida incrível. No fim das contas, você só torcia que tivesse escolhido certo quando jovem e tivesse uma grande oportunidade no meio do caminho.

Não é que todos nós escolhemos a média. Ninguém deseja isso no começo. Ninguém diz, "vou ser uma pessoa mediana de 65 anos e depois morrer!". Mas, há não muito tempo, o caminho para a grandeza era tão longo e árduo que a maioria de nós escolhia não começar. Era isso ou a gente tentava achar um atalho. E falhava.

Era assim que eu via a vida também, até 2008.

Esse foi o ano em que eu descobri que o caminho para a grandeza tinha mudado. Ou seja, era algo que podia ser alcançado muito mais rapidamente, antes que os pés de galinha começassem a aparecer. Comecei dando pequenos passos. Passos que acabei aprendendo que as mídias sociais podiam acelerar enormemente.

Depois que meu blog começou a crescer um pouco, achei que se tornaria um livro interessante. Tendo passado uma década no caminho da média, tentei a maneira mediana de conseguir que ele fosse publicado. Perguntei a um amigo que trabalhava em uma grande igreja se ele tinha contatos em alguma das principais editoras. Ele tinha um amigo que tinha uma amiga em uma das maiores editoras do mundo. Contou a ela sobre minha ideia e perguntou se podia passar para o editor. Ela passou, e esta foi a resposta dela, na íntegra:

Mencionei para o editor esta manhã em uma conferência que tive com eles e, para ser honesta, eles estão atolados no momento. A recomendação deles seria continuar para ver como a audiência do blog se desenvolve e talvez tentar se conectar com uma editora menor, que poderia dar a ele a atenção que quer e merece, caso essa seja realmente sua vocação. Não é o que você gostaria de ouvir, mas é o que sugerem no momento.

Essa é a conversa fiada para "não".

Foi aí que o caminho da média me pegou, e faz sentido. Quem eu pensava que era para escrever um livro? Eu nunca havia escrito um livro antes. Nunca havia falado em público, nunca tinha feito nada na vida que me tornasse atraente para um editor.

Se eu ficasse no caminho da média, os passos que daria para ter meu livro publicado seriam muito claros. Passaria minha terceira década de vida lentamente construindo um nome para mim mesmo. Começaria a ir para conferências de autores. Conseguiria um catálogo grosso com os endereços dos editores e enviaria meu manuscrito mil vezes. Passaria a fazer parte de um círculo de escritores e talvez pensasse em uma maneira de autopublicar algumas de minhas ideias e chamá-las de artigos acadêmicos. Aos quarenta, continuaria trabalhando no meu manuscrito, contaria minhas cartas de rejeição, deixaria crescer uma barba de escritor frustrado e esperaria que aos cinquenta eu tivesse pagado o preço para ter meu livro publicado. Aos sessenta, então, me sentaria com meus netos no colo e contaria a eles a épica jornada de quarenta anos chamada, "Como Vovô Enfim Teve Seu Livro Publicado". Isso os ensinaria a serem perseverantes, em tese.

Ugh.

Este é o caminho mediano. Deprimente, certo? Felizmente para você e para mim, estamos crescendo no meio de uma revolução. (Uso esta palavra com parcimônia. Sempre que outro autor me diz, "isso não é um livro; é uma revolução!", eu sei que é só um livro.)

As mídias sociais me deram uma chance de construir uma plataforma. De graça. Os únicos custos eram tempo e correria. Elas me deram acesso a um público. Deram-me uma arena pública para aprimorar minhas habilidades de escrita com feedback instantâneo e internacional. Ofereceram-me a oportunidade de me tornar um autor de verdade muito antes dos cinquenta anos. E eu aceitei o desafio e mergulhei de cabeça.

Alguns meses depois, meu agente e eu apresentamos novamente a proposta para os editores. Só que dessa vez incluímos informações sobre a audiência do meu blog. Número de leitores, número de comentários, número de fãs e de quantos países eles acessavam. Isso mudou a conversa completamente.

Eu não era mais invisível. Não era um zé-ninguém com uma ideia. Era um escritor com habilidades atestadas por um grupo mensurável de leitores. Como resultado, dois editores deram lances pelo livro. Adivinhe quem ganhou? Adivinhe quem publicou meu primeiro livro?

O mesmo editor que inicialmente o rejeitou.

Minha história não é tão rara nem tão impressionante. A Pebble Technology, a companhia que criou um relógio de pulso customizável de que poucos tinham ouvido falar, arrecadou 10,2 milhões de dólares de mais de 68 mil apoiadores no www.kickstarter.com. Conseguiram o primeiro milhão em 28 horas. Você pode imaginar quanto tempo eles teriam levado para conseguir 68 mil doadores sem as ferramentas da internet?

Claramente existem agora duas maneiras de acelerar sua jornada pelo caminho para a grandeza, mesmo se você não usa mídias sociais. (Se você decidir usar, no entanto, minhas dez dicas principais estão na página 205.)

Uma vez que você sabe como o mapa funciona, pode encurtar o tempo que passa em cada lugar. Pode jogar com o mapa. Não precisa esperar fazer cinquenta anos para colher. Não precisa esperar os quarenta para ser um expert. E não precisa ter vinte para começar uma nova aventura.

TODOS NÓS JÁ FOMOS INCRÍVEIS

A grandeza é muito mais simples do que você imagina, porque você costumava conhecê-la bem.

Todo mundo conheceu. Especialmente quando éramos crianças.

Fui lembrado disso uma noite em que caminhava pelo corredor de casa. Minhas filhas estavam escovando os dentes, um evento que costuma culminar em crise internacional. Desta vez, no entanto, elas não estavam brigando por espaço na pia. Estavam falando de literatura.

Ouvi L.E., minha filha de nove anos, dizer para a irmãzinha, McRae: "Você sabia que quem escreveu *Os pestes* também escreveu *James e o pêssego gigante*?".

Ouvi McRae responder: "Eu sei! Amo esse escritor. Ele tem muita imaginação, como eu".

Como eu. Que declaração poderosa.

Roald Dahl já foi chamado de o maior contador de histórias de nossa geração. Ele também escreveu *A fantástica fábrica de chocolate*. Vendeu milhões e milhões de livros. E na cabecinha de seis anos de idade de McRae, a imaginação dele está no nível da dela. Ele é seu colega.

Você costumava acreditar nisso também. Costumava transformar galhos em espadas, ou chinelos sujos em sapatinhos de cristal. Subia em árvores, construía fortes e achava que ser um médico não era algo fora de seu alcance. Nada estava fora de seu alcance.

E então, no meio do caminho, você perdeu isso.

Talvez alguém importante para você tenha dito que sua versão de grandeza não importava. Quando minha amiga Liz estava na oitava série, ela amava dançar. Era tudo que ela fazia. Um dia, sua mãe a puxou de lado e disse: "Você sabe que não vai ser uma Rockette,[2] né? Sabe que isso não é para você, não sabe?".

Você acha que Liz continuou dançando depois disso? Claro que não. Ela desistiu de seu sonho de grandeza naquele dia.

Como um pai, entendo a tentação de falar algo assim para o filho. Ninguém quer que Simon Cowell[3] seja o primeiro a apresentar à sua filha a noção de que ela não sabe cantar. Mas há um problema inerente a essa abordagem da vida. Quando um pai, chefe, professor, cônjuge ou amigo dizem o que você não pode ser, estão prevendo um futuro que não podem controlar. Eles não sabem como você será com 25, 35 ou 55 anos.

E se, quando o filho não entrou no time de basquete do colégio, o pai de Michael Jordan o tivesse puxado de lado, colocado o braço em seus ombros e dito: "Você sabe que não vai jogar na NBA, né? Sabe que isso não é para você, né?".

Talvez sua mãe nunca tenha dito que seus sonhos eram grandes demais, mas há boas chances de que você venha dizendo isso a si mesmo há anos. Talvez décadas. A maneira como seu cérebro se desenvolve certamente também não ajuda o processo.

---

2   Companhia de dança fundada em 1925. Desde 1935 tem se apresentado no Radio City Music Hall, em Manhattan, Nova York. (N.E.)

3   Produtor musical e de televisão, mais conhecido pelas respostas ásperas que dá aos candidatos nos programas de televisão *Britain's Got Talent*, *The X Factor* e *American Idol*. (N.E.).

Quando você era jovem, seu hemisfério direito estava com força total. Era o cara no comando e a parte que abraçava a curiosidade, a aventura, e que nunca tinha medo de perguntar "Por quê?" e "Por que não?". Seu cérebro era assim quando você era criança porque você estava aprendendo em ritmo veloz. Estava aprendendo a linguagem e as leis da física e os elementos de equilíbrio. Precisava ficar sem defesas para poder absorver tudo – até uma dorzinha aqui e ali – para que soubesse como prosperar nesta terra chamada vida real.

Mas quando você cresceu, o outro hemisfério começou a ganhar voz. Começou a dizer coisas como "Isso é impossível", ou "Vão rir de você", ou "Não seja tolo". O lado esquerdo do seu cérebro tem um papel importante em seu raciocínio porque é a voz que ensina a não tocar no forno quente ou pular do alto da escada como se fosse um super-herói. Infelizmente, ele também pode argumentar de forma lógica e convincente que o que ele diz não se discute. Quando crescemos, a maior parte de nós passa a acreditar nas afirmações do lado esquerdo do cérebro e, como resultado, perdemos o senso de grandeza que estava logo ali na esquina. Em vez disso, passamos a acreditar que a grandeza não era para nós, que era ilógica ou simplesmente infantil.

A boa notícia é que podemos recuperar essa noção infantil. Mas é preciso mais do que simplesmente voltar a agir como criança. Você sabe algumas coisas enquanto adulto que não sabia quando era jovem. E tem algumas habilidades que criança nenhuma pode desenvolver. Enquanto encorajo que você pense da mesma maneira que minha filha pensa a respeito do escritor famoso – porque sua percepção realmente alimenta sua realidade – a melhor notícia é que agora você pode aplicar isso pensando como adulto. A estrada para a grandeza ainda está acessível. Mas agora, como adulto, você tem as ferramentas para começar a trilhá-la imediatamente.

A vida inteira ouvimos que aos vinte e poucos anos começamos nossas carreiras. E que aos sessenta é o fim da estrada. Porém, este cronograma não é mais válido. Na verdade, este cronograma já não é nem previsível. Idade não é mais o fator primário que determina onde você está no mapa. A vida agora é menos sobre sua idade e mais sobre quando você decide viver.

Se você tem 45 anos e está pensando em mudar de carreira depois de perceber que não ama o que faz, está de volta à casa dos vinte. É hora de começar. Se você tem 33 e ainda não encontrou algo pelo qual tenha paixão, ainda está com vinte. É hora de começar. Se você tem 52 e está embarcando em uma nova carreira porque seu emprego (e talvez sua indústria inteira) desapareceu, você voltou aos vinte. É hora de começar. Se você tem 22, bom, essa é bem óbvia: você está literalmente na casa dos vinte. É hora de começar. Independentemente de sua idade ou estágio de vida, tudo se resume a uma simples verdade:

VOCÊ SÓ PRECISA COMEÇAR.

2

O COMEÇO

No capítulo três nós aniquilaremos o medo, mas, no momento, saiba de uma coisa, por favor... Ele é esquizofrênico.

O medo tende a usar os dois lados da moeda, não deixando nenhum espaço para você. Aqui estão as duas coisas completamente opostas que ele dirá: "Não vá atrás de seus sonhos" e "Se for atrás de seus sonhos, vá de uma vez".

Você percebe o absurdo disso? "Faça! Não faça! Faça!", berra o medo. E aí, quando você ignora esses gritos, o medo muda de tática e grita: "Faça de uma vez! Faça de uma vez!".

As duas ideias são falsas. Quando você está com um pé no caminho da média e outro no caminho da grandeza, precisa eliminar essas preocupações. Felizmente, há um truque que cuidará das duas.

Apenas comece.

Vai ser um começo pequeno. Um comecinho. Um movimento do tamanho das amostras de sorvete que lhe dão para experimentar, mesmo sabendo que você está secretamente tentando burlar o sistema e comer seu próprio peso em pequeninas porções de sabor chocolate antes que percebam.

Você só vai ser um Iniciante.

A linha de partida é a única sobre a qual você tem total controle. O começo é o único momento no qual você é o chefe.

A chegada? Não se iluda. Está a meses, senão anos, de distância. Você vai encontrar dúzias de pessoas que vão influenciar sua chegada. Vai ter incontáveis oportunidades, experiências e desafios que pontilham o mapa da grandeza que está seguindo. Há abismos e rios e selvas que você nem pode imaginar. Você vai estar no topo de uma montanha que é melhor do que tudo que jamais sonhou e rir da ideia de quem pensou que poderia conspirar contra a sua chegada.

O começo? Você é o dono dele, meu filho. É seu.

Todas as indústrias do planeta estão entulhadas de exemplos desta verdade. Pegue a Segway, por exemplo. Você se lembra dela? Aquela engenhoca de duas rodas que supostamente ia mudar a maneira como caminhamos. Um especialista disse: "Se pessoas suficientes virem a máquina, não teremos que convencê-las a arquitetar cidades para ela. Vai simplesmente acontecer".

Essa citação é uma loucura porque o especialista não disse: "Pedreiros vão construir casas para ela". Ele disse que as pessoas iam "arquitetar cidades para ela". Cidades inteiras seriam impactadas por esta máquina. Não lares. Não ruas. Mas cidades inteiras. Quem fez esta alegação bizarra? Um cara chamado Steve Jobs. Se alguém deveria ser capaz de prever linhas de chegada, este alguém seria ele, mas ele não foi.

O mesmo também se aplica ao mercado editorial. O best-seller de Kathryn Stockett, *A Resposta*, foi rejeitado sessenta vezes antes de ser publicado. Sessenta pessoas diferentes disseram "Este livro nunca dará em nada".

Todos estavam errados.

Como também estava meu amigo Tim. (Nome trocado porque estou prestes a constrangê-lo).

Ele é um autor. Endossa e atrela seu nome a todos os livros que mandam para ele. Provavelmente apoiou quarenta livros diferentes nos últimos dois anos. Nunca disse não. Finalmente ele se deparou com um que achou um pouco meloso demais. Não queria sua assinatura na quarta capa daquele. Recusou apenas uma aprovação em todo o ano de 2011. Quer saber o nome do livro?

O céu é de verdade.

Vendeu mais de dez milhões de cópias. A Sony o escolheu para transformar em filme, e ele podia ter tido seu nome divulgado para dez milhões de leitores que gostam de livros similares ao tipo que ele escreve. Mas ele não viu essa linha de chegada.

Você também não vai ver.

É impossível prever com precisão a linha de chegada. Um dos motivos de ser tão difícil é que o caminho muitas vezes muda radicalmente até chegarmos ao fim. Esse certamente foi o caso em minha própria vida.

ESTOU NO JORNAL

Era meia-noite e eu estava nervoso, caminhando de um lado para o outro em um hotel em Nova York, tentando memorizar cinco nomes. Os nomes tinham sido passados para mim por telefone duas horas antes e, se eu os confundisse de manhã, milhões de pessoas saberiam.

"Não fique famoso pelas razões erradas", minha esposa disse quando saí de Nashville naquela manhã.

Esse era o meu medo. Medo de que em cinco horas, quando eu estivesse em rede nacional, acabasse vomitando na minha própria roupa, ou tropeçando, ou suando tanto de ansiedade que deslizasse para fora do sofá. O apresentador ficaria olhando para mim enquanto eu escorregava até o chão, e ele seria forçado a cobrir meu sumiço inesperado dizendo: "Eu pensava que Gary Busey era um convidado estranho, mas Jon Acuff..."

E lá estava eu com os cinco nomes, os nomes das empresas que o produtor queria que eu comentasse. Eu ia ao programa falar sobre cinco empresas que estavam contratando funcionários no momento. O único problema é que eu nunca tinha ouvido falar delas.

Acelere algumas horas. Eu estava sentado em um sofá com quatro câmeras do tamanho de Kombis apontadas para mim, e os apresentadores, sentados ao meu lado, mais lindos do que você pode imaginar.

Um dos homens parecia uma versão mais atraente do Ryan Reynolds. A mulher ao meu lado, que era provavelmente uma supermodelo nas horas vagas, fez a pergunta: "Que empresas estão contratando no momento?".

Desfiei os cinco nomes. Finalizei como um ginasta olímpico. *Boom!* A pior parte tinha passado. Então ela fez a próxima pergunta.

"Para que tipo de vagas estão contratando?"

Espera aí. O quê? Que tipo de vagas? Não sei. Nem sabia que essas empresas existiam sete horas atrás.

Infelizmente, quando você está em um telejornal e é um especialista em ajudar as pessoas a encontrar o emprego dos sonhos, você não pode dizer "Não tenho a mínima ideia. Vagas boas, espero. Está quente aqui? Todos vocês são muito bonitos".

Então, paralisado feito rã sob um facho de luz intensa, pisquei algumas vezes e lancei a única coisa que pude pensar: "Todos os tipos. De júnior a executivo".

Boa! Cobri a variedade toda de uma só vez. Deve ser verdade, certo? Pelo menos uma dessas empresas está contratando um faxineiro, e outra está contratando alguém que use calças pregueadas e tenha um carro com volante de mogno. Eu estava fora de perigo, ou foi o que achei. Até que a apresentadora me fez outra pergunta:

"Se eu não moro nos estados onde estão essas empresas, como posso saber mais sobre as vagas?"

Sério? Você está acabando comigo, moça! Como vou saber? Não sei nem em que estados essas empresas estão. Nós estudamos juntos? É isso? Fui um idiota com você na faculdade e, como em uma novela ruim, você pacientemente planejou uma vingança contra mim pelos últimos catorze anos? Agora seu plano está em plena ação. Estou usando maquiagem (algo que ninguém diz que será necessário fazer quando se escreve um livro) em rede nacional e você está jogando dardos em mim.

Tudo bem, vamos nessa.

"Bom, a melhor maneira de conseguir informação sobre os empregos disponíveis é pelo website corporativo da empresa. Esse seria o melhor caminho."

E acabou. Estava me sentindo satisfeito com a resposta. Não era ótima; o que eu disse essencialmente foi "Google. É melhor procurar no Google, moça".

Então, enquanto eu saía do estúdio, esperava o maquiador tirar a camada de base do meu rosto e entrava em uma limusine para voltar ao LaGuardia, pensei comigo: *Era exatamente assim que eu pensava que tudo ia acontecer quando comecei meu blog.*

Sentado ali na minha cozinha, escrevendo aquele primeiro post de duzentas palavras, eu sabia que quatro anos depois estaria em um sofá conversando com milhões de pessoas. Sabia que iria de nenhum evento público em 2007 para falar com oitenta mil pessoas em 2011. Sabia que escreveria quatro livros e eventualmente seria forçado a raspar minha monocelha para transformá-la em duas sobrancelhas separadas, porque a câmera odeia pessoas com uma sobrancelha só.

Aconteceu exatamente como eu planejei. Só uma coisa que não. Preencher papelada em uma baia por dez anos não me deu nenhuma indicação das mudanças que ocorreriam quando eu começasse. A chegada não era clara. Não tinha ideia de onde tudo aquilo ia dar. E fico muito feliz, porque a verdade é que as surpresas trazidas pela vida são sempre melhores que as coisas que você pensa estar esperando.

Publicar um livro foi uma surpresa para mim. Mudar para Nashville e trabalhar com Dave Ramsey foi uma surpresa para mim. Construir dois jardins de infância no Vietnã foi uma surpresa para mim. E se eu dissesse que essas foram coisas que eu planejei cuidadosamente ao longo do caminho, seria um mentiroso. As melhores coisas que me aconteceram nos últimos cinco anos não foram planejadas.

Mas fui eu quem deu aquele primeiro passo na linha de partida. Quem disse "Vamos ver onde isso vai dar!".

Essa é a tensão que você terá que encarar. Você precisa trabalhar duro de verdade em seu começo. Tem que ser deliberado, intencional e focado. Precisa ser um Iniciante. E então precisa ser corajoso e estar preparado o suficiente para reagir quando uma surpresa se apresenta.

Quando Dave me pediu que considerasse entrar para seu time, ele não me ligou do nada. Eu já tinha palestrado três vezes para sua equipe inteira. Tinha passado dois anos interagindo com sua empresa. Tinha estado na estrada com minhas próprias conferências, escrevendo meu primeiro livro e aprendendo tudo que podia sozinho. Eu já tinha começado.

Quando ele me ofereceu um emprego e a estrada bifurcou à minha frente, eu estava pronto. Tinha passado dois anos começando, e estava pronto para correr quando a etapa seguinte da jornada apareceu.

NÃO PLANEJE SUA VIDA COMO EU PLANEJAVA MINHAS PALESTRAS

Uma tarde, em Atlanta, um homem chamado Lanny fez uma crítica horrível sobre mim. Eu tinha dado palestras organizadas por ele para cerca de cinco mil estudantes, e ele tinha algumas avaliações que precisava discutir comigo.

A crítica era horrível porque era verdadeira.

Segundo Lanny, dez a quinze pessoas que me viram falar disseram que "faltava paixão" em mim pelo que eu dizia. Ele disse que as pessoas sentiram que eu era realmente apaixonado pela performance, não pelo material.

Minha reação inicial ao ouvir isso foi de choque. Gosto de receber avaliações que dizem, "Você é incrível. Quase incrível demais. Dispensa holofotes porque o brilho de sua grandeza ilumina o palco". E esta avaliação não era bem assim. A plateia me achou artificial. Achou que eu estava no automático. Que repetia palavras decoradas.

E o mais triste é que eles estavam certos.

Na época, eu ensaiava minha fala de oito a dez vezes por evento. Ficava de pé em meu escritório, olhando pela janela em direção ao restaurante do outro lado da rua, e ensaiava por completo cada discurso. Ensaiava repetidamente até saber de cor minha fala de 45 minutos. Fazia gestos programados, cronometrava e até fazia pausas para que a plateia invisível risse de minhas piadas (pessoas invisíveis me acham hilário!).

Eu ensaiava tanto porque não queria me sentir sem controle no palco. Estava tão preocupado em não errar que segurava meu discurso o mais firme que podia. Deixava o texto acertado ao máximo, ao ponto de ter controle sobre cada segundo dele. Nada de surpresas.

Lanny percebeu isso e me aconselhou: "Jon, suas falas são tão rígidas que você não deixa nenhum espaço para que algo novo aconteça. Esta é a melhor parte de uma palestra, quando algo novo aparece. Quando há uma surpresa que tanto o palestrante quanto a plateia podem compartilhar. É o que conecta os ouvintes a quem fala, a sensação de estarem em uma jornada juntos, criando algo juntos, e nenhum dos lados sabe exatamente para onde estão indo, mas chegarão juntos".

Ministrar palestras assim exige uma coragem que na época eu não tinha, assim como a coragem necessária para dar o primeiro passo no caminho da grandeza.

Ser mediano é tão popular porque a média é conhecida. Noventa e nove por cento das pessoas do planeta estão na média. A estrada está gasta, as decisões são óbvias e os próximos passos estão claros.

A grandeza? Ela é um pouco perigosa. Podem existir dragões naquelas florestas (alerta de *spoiler*: existem). Há manhãs e noites de neblina. Às vezes você não tem certeza nenhuma sobre o próximo passo até que ele tenha sido dado.

A média é previsível. A grandeza é uma aventura. Então, quando se depara com a decisão de ser grande ou continuar na média, a maioria de nós opta pelo familiar, pelo confortável. Ah, como gostamos da ideia de uma aventura incrível, mas a maioria de nós quer tentar controlar a estrada para a grandeza para que ela seja tão previsível e segura quanto a estrada mediana.

Queremos planejar o caminho para a grandeza. Queremos falar sobre como nos vemos em dez anos. Queremos detalhar cada passo antes mesmo de dar o primeiro, para que não haja espaço para erros ou fracassos. Mas, quando fazemos isso, quando amarramos nossas vidas e objetivos tão apertados, eliminamos qualquer chance de surpresas.

Não temos tempo para elas. Elas não cabem em nossos planos. Não há vagas para que estacionem em nosso dia. Fechamos a cara quando as pessoas interrompem nosso trabalho, resmungamos quando vizinhos querem bater papo na porta de casa e xingamos as distrações momentâneas em um dia que está todo planejado.

A estrada para a grandeza, no entanto, é definida pelas surpresas. Não é um quarteirão no centro da cidade construído há muito tempo por urbanistas metódicos. É uma estrada de terra sem direção certa, com curvas e reviravoltas e algo novo em cada esquina. Vamos deixar espaço em nossos mapas para algumas surpresas.

ESTA IDEIA ME CUSTOU 2.310 DÓLARES – POR FAVOR, LEIA COM ATENÇÃO

Se dar o primeiro passo na estrada para a grandeza fosse fácil, todo mundo estaria nesta rota. O caminho mediano estaria vazio, com apenas uma folha de tamanho médio voando a uma velocidade mediana em um dia de temperatura amena.

Mas o primeiro passo não é fácil, e uma das coisas mais difíceis com as quais você precisa aprender a ficar confortável é a tensão. Você precisa entrar na tensão. Você precisa ser:

Realista e sonhador
Prático e não prático
Lógico e ilógico

Você precisa ser duramente realista sobre suas circunstâncias atuais, e loucamente irrealista sobre suas circunstâncias futuras. Se não aceitar esta tensão de braços abertos e se não colocá-la para funcionar a seu favor vai acabar tirando dinheiro da igreja de sua avó.

Foi o que aconteceu comigo.

Seis anos atrás, estava me sentindo inquieto em meu emprego. Se você leu *Quitter*, isso não é surpresa para você. Eu dei um passo para trás em minha carreira, porque estraguei meu emprego em uma grande empresa de móveis, e acabei indo trabalhar no After Hours. Apesar do nome dar a entender que se trata de um lugar de danças exóticas, garanto que não era, embora minha faixa verde em kempô me dê a possibilidade de trabalhar como leão de chácara se tivesse tempo.

After Hours na verdade era uma empresa de trajes a rigor especializada no aluguel de smokings. Não sei se você está acompanhando, mas eu fui de chefe em uma empresa multibilionária americana para um trabalho em que tentava convencer adolescentes a alugar calças para formatura. Coisa fina.

Durante minha pouco brilhante carreira no After Hours, decidi abrir uma agência de publicidade. Já tinha trabalhado em uma pequena agência antes e pensei, *não pode ser difícil*. Então comecei uma com um rapaz que conheci na igreja. Imprimimos um monte de cartões de visita com nosso logotipo, que parecia um pouco com o dos ThunderCats, registramos nosso negócio e começamos a procurar um cliente.

Nossas aspirações eram grandiosas. Seríamos uma agência imensa com centenas de clientes, um sonho refletido por nossa necessidade de imprimir milhares de cartões de visita. Próximo passo? Conseguir alguém que nos pagasse pelo que achávamos ser capazes de fazer.

Nosso primeiro cliente foi uma igreja em Charlotte, Carolina do Norte. Meu pai é pastor, então eu entendia as mecânicas daquele mundo. Fomos capazes de convencer uma mulher incrivelmente gentil naquela igreja de que nossa nova companhia seria capaz de construir um website de primeira. Fizemos uma proposta impressionante e concordamos em construir o site por cerca de trinta mil dólares.

A igreja, sabiamente, não nos pagou a quantia total de cara, e só deu um sinal de doze mil.

Então começamos a trabalhar. Construí um mapa bem louco do site, tentando dar sentido às milhares de páginas desconectadas que a igreja já tinha. O departamento de jovens tinha construído seu próprio site; a terceira idade tinha sua seção separada; todo mundo que tinha acesso à internet aparentemente havia acrescentado uma página a esse emaranhado. Fiz o melhor para organizar aquilo e entreguei o projeto para o meu sócio.

O último parágrafo faz com que eu pareça ter sido um cara legal.

A verdade é que eu pulei fora do projeto. Fui embora e o deixei completamente desamparado. Era um desastre, e eu achei que talvez meu sócio pudesse, com um passe de mágica, resolver tudo.

Meses depois de começado o projeto, algumas realidades sobre minha circunstâncias do momento começaram a ficar claras: eu não sabia administrar um negócio. E nunca tinha construído um website. Nem eu nem meu sócio tínhamos qualquer noção de desenvolvimento web.

Depois de várias noites de angústia, resolvemos desistir do projeto e devolver o que sobrara do dinheiro para a igreja. (Parte já havia sido gasta contratando uma empresa de design terceirizada para consertar a realidade número três).

Enquanto isso, meu sócio se mudou com a família para outro estado, e eu esperava pacientemente que toda a situação desaparecesse no horizonte. Mas, assim como um zumbi que continua se arrastando sem pernas, eu não ia me livrar daquilo tão facilmente.

A igreja não havia recebido o cheque do reembolso. Meu sócio tinha o controle total do dinheiro, e eu ligava insistentemente para ele, que não respondia. Comecei a odiar o som da secretária eletrônica, que tocava a música "Waiting on the World to Change", do John Mayer. Queria dar um soco na cara do John Mayer.

Enfim, consegui falar com ele, que concordou em enviar o dinheiro.

Dois dias depois, recebi um recado enquanto estava no emprego: "Oi, Jon, é a Sara! Espero que esteja bem. O cheque que você passou voltou. Por favor, me retorne".

Ânsia de vômito.

O cheque que a gente tinha enviado para a igreja que minha avó frequentara por trinta anos tinha voltado. O dinheiro, acabado. A conta estava vazia. Meu sócio tinha gastado.

Como isso aconteceu? É dolorosamente simples. Quebrei minha própria regra: não tinha sido brutalmente realista a respeito do meu presente e loucamente irrealista sobre meu futuro.

A segunda parte eu fiz direito. Arrasei nessa parte! Tinha sonhos imensos e irreais sobre minhas circunstâncias futuras. (Não se esqueça da quantidade de cartões de visita que encomendamos, cuja maior parte ainda está em minha garagem. Um dia, quando tiver muito, muito sucesso, vou vender tudo no eBay e ganhar milhões!)

Onde eu falhei, e você também falhará se não tiver cuidado, foi ter sido loucamente irrealista sobre meu futuro e meu presente.

Esse foi meu maior erro. Se tivesse sido brutalmente realista sobre meu presente, teria percebido:

1. Eu não conhecia tão bem o rapaz da igreja. A gente só se conhecia havia seis meses. Nosso relacionamento não justificava a minha confiança nele para controlar todo o dinheiro da agência.

2. Eu não tinha muito tempo para dedicar à agência. Tinha um emprego em período integral, uma família e várias outras responsabilidades com as quais já havia me comprometido.

3. Não tinha nenhuma das habilidades já citadas que eram necessárias para fazer daquele projeto um sucesso.

Se eu tivesse aceitado aquilo tudo e sido honesto sobre meu presente, não significa que eu não abriria a agência. De maneira nenhuma. É um grande equívoco achar que ser honesto sobre o presente impede você de ter esperanças quanto ao futuro. Que o realismo não faz parte dos sonhos.

Realismo não evitaria que eu fosse atrás de meus sonhos; evitaria que eu fosse atrás do sonho errado. Teria feito um projeto diferente. Teria dito para a igreja: "Somos novos no negócio; podemos fazer um projeto beta para vocês? Algo pequeno, como um website para seu departamento pré-escolar? Se der certo, podemos conversar sobre um projeto maior".

Teria conversado com mentores e amigos sobre os desafios de dois estranhos começando um negócio juntos. O tamanho e a ambição de meus sonhos para o futuro não teriam mudado nada, mas meu presente teria. Meu começo teria outra cara.

Nosso contato na igreja acabou sendo incrivelmente gentil comigo. Ficou tão chateada quanto eu pelo sumiço do dinheiro. Chegou a dizer que eu não precisava devolver dinheiro nenhum. Mas isso não era certo, então minha esposa e eu fizemos um cheque de 2.310 dólares. Não sei se isso é pouco para você – a grana que usa para comprar meias de cashmere quando quer se dar um agradinho – mas no lar dos Acuff, é uma grana preta.

As pessoas costumam dizer que são os erros que ensinam as melhores lições, e é verdade, mas isso não quer dizer que eu queira aprender assim. Entre duas opções – perder 2.310 dólares e aprender uma lição ou ficar com os 2.310 e aprender uma lição – eu sei qual escolheria. Não seja burro como eu. Estou implorando.

SONHE HONESTAMENTE

Seja brutalmente realista quando responder à pergunta do primeiro capítulo, "Onde eu estou?". Responder essa pergunta honestamente é crucial para sua carreira e talvez para sua vida inteira.

No livro *Empresas feitas para vencer: por que apenas algumas empresas brilham*, Jim Collins conta a história de Jim Stockdale, um oficial do exército americano que foi mantido prisioneiro por oito anos na Guerra do Vietnã e torturado regularmente. Collins perguntou a Stockdale quais soldados não conseguiram sair da prisão. Stockdale respondeu: "Essa é fácil. Os otimistas. Eram eles que diziam, 'Vamos sair daqui até o Natal'. E o Natal chegava e ia embora. Então diziam, 'Vamos sair antes da Páscoa'. E a Páscoa vinha e passava. E Ação de Graças, e o Natal de novo. E eles morriam de decepção".

Esta é uma lição muito importante. Você nunca deve confundir a fé em que você vencerá no final – e que você nunca pode perder – com a disciplina para confrontar os fatos mais brutais de sua realidade atual, sejam eles quais forem. Evite a tentação de acreditar que ser honesto sobre sua realidade atual é de alguma maneira o jeito errado de sonhar alto. Não ouse ser como meus amigos que dizem, "Devo cem mil dólares em empréstimos estudantis, mas vou fingir que eles não existem e, em vez disso, apenas sonhar com o futuro!". Encarar honestamente onde você está na vida transforma seu presente em uma plataforma de onde você pode saltar, em vez de uma prisão que o segura. Se você tem contas grandes, faça grandes sacrifícios no começo.

Se você decidiu ter cinco filhos nos primeiros dez anos de seu casamento, não vire para sua família e diga: "O papai quer sonhar. Vou pedir demissão, começar uma plantação de rabanetes orgânicos e agir como se fosse um solteiro de dezenove anos sem responsabilidades". Seja honesto com seu presente e o transforme em seu amigo, como eu deveria ter feito em minha abordagem ao iniciar uma agência.

Isso não vai ser fácil, porque a definição de sonho que o mundo tem é exatamente o oposto disso. As pessoas dirão coisas como "vá com fé que a fé não falha", ou, "siga seus sonhos e o Universo abrirá portas onde só havia paredes". Esse tipo de ideia gera camisetas ótimas, mas um índice de sucesso horrível. Na melhor das hipóteses, essas ideias são códigos para "Não faça nenhum plano", e, na pior, para "Abandone seus compromissos".

Você vê o primeiro tipo em um milhão de citações coloridas e vazias no Pinterest e no Facebook. Você vê o segundo em canções como "Walt Grace's Submarine Test, January 1967", de John Mayer.

É uma música linda e um ótimo exemplo de por que John Mayer é um perfeito contador de histórias (só não é bom em secretárias eletrônicas). Na letra, Mayer descreve poeticamente a vida de Walt Grace, um homem que estava "desesperadamente odiando este lugar". Walt decide construir um submarino com espaço para uma só pessoa no porão de sua casa, "porque quando você está cheio deste mundo, sabe que o próximo depende de você". Ele consegue, apesar de tudo, e pilota seu submarino até Tóquio. Leva semanas, mas ele consegue! Oba, sonho cumprido! Mas há um problema. Walt é casado. Walt é pai de algumas crianças. Em uma canção podemos saudá-lo como sonhador, mas na realidade o chamaríamos de pai ausente. Quando Mayer canta, "sua mulher disse às crianças que ele era louco," é quase impossível ignorar a tristeza dessa imagem. A imagem de um homem que estava "cheio" de um mundo que incluía sua esposa e filhos.

A definição que o mundo tem de sonho é muitas vezes incrivelmente egoísta. Envolve ignorar a todos que você conhece e ama. Trabalhar em alguma paixão privada nas profundezas de seu porão. Partir em uma aventura sem ninguém mais. E aí, semanas depois, avisar que você não está morto.

Contamos tanto essa história na cultura popular que começamos a acreditar que sonhar ou ir pela estrada da grandeza são ideias inerentemente egoístas. Como se você só tivesse duas opções: abandonar todos os seus compromissos e sonhar, ou se resignar a uma vida mediana para cumprir seus compromissos.

E se houver uma terceira opção? Uma maneira de honrar seus compromissos mesmo enquanto você muda completamente sua vida e o mundo no processo?

E se você não tiver que ser um pai ausente, um empregado ruim, um cônjuge fracassado para ir atrás de um sonho com mais intensidade do que pode imaginar?

E se você pudesse começar hoje?

Você pode, independentemente de suas circunstâncias atuais. Mas, primeiro, precisa lidar com um muro bem grande.

(P.S. A partir do capítulo 2, cada capítulo deste livro terá um conjunto de ações correspondente. Você pode encontrá-las na página 193. Pensei em entranhá-las no texto, mas percebi o quanto destruiriam o fluxo narrativo. Como agora. Aquela última parte não foi dramática? "Precisa lidar com um muro bem grande." Achei bem "abra as portas e aproveite o dia". E aí eu arruinei tudo com instruções práticas e táticas. Ok, comunicado encerrado.)

3

O QUE ESPERAR QUANDO VOCÊ ESTÁ COMEÇANDO

Este livro teria sido bem mais fácil de escrever se eu pudesse expor como encontrei o meu propósito. Usaria um monte de palavras como *força vital* e *destino*. Descolaria algumas daquelas frases invertidas que palestrantes motivacionais – como eu – amam: "Não apenas ouse sonhar. Sonhe em ousar!". Arrumaria um visual característico, talvez um terno com um capuz inexplicavelmente costurado nas costas e um relógio que você só acha no norte da Noruega. E então eu faria uma turnê de "empoderamento" pelo país, no qual ofereceria conselhos de autoajuda como instruções em um rótulo de xampu.

Encontre seu propósito verdadeiro.

Seja seu propósito verdadeiro.

Viva seu propósito. Repita se necessário.

E eu não estou acima disso. Vamos deixar isso bem claro desde já. Amo livros assim. Eles não são bagunçados. E eu tentei escrever um livro contando a você como encontrar seu propósito, mas ficava me deparando com o mesmo grande problema.

Eu não encontrei o meu. Bem que eu queria. Como disse, fui para o Vietnã uma vez, e isso teria sido bem dramático, especialmente porque ele não é um dos três grandes "países europeus para encontrar a si mesmo" (Itália, Inglaterra, França). Mas eu não encontrei meu propósito lá.

Com a ajuda dos leitores do meu blog, minha esposa e eu levantamos sessenta mil dólares para construir dois jardins de infância. Quando as escolas ficaram prontas, fomos visitar. Em uma tarde quente de novembro, depois do já citado encontro com os motociclistas franceses, descemos de um velho Land Cruiser na frente do pátio de uma das escolinhas.

Havia centenas de crianças gargalhando, dúzias de pais e algumas galinhas reunidas para a cerimônia de abertura. O ministro de educação local estava lá e prontamente me disse que eu parecia o Príncipe William. Ele provavelmente queria dizer "magrelo e pálido", mas meu vietnamita não é muito bom, então vou deduzir que ele quis me chamar de "alto e elegante".

Antes de passarmos pelos portões da escola, parei e dei uma olhada no prédio. Havia seis salas de aula, um prédio separado para a cozinha e um banheiro. Resisti à vontade de dizer: "Nos EUA, trinta mil dólares não pagariam nem um Toyota Sequoia". Em vez disso eu fiquei lá, admirado que um grupo de estranhos em um blog tivesse ajudado a tornar aquilo possível. Estava contente em ficar ali, em guardar aquele momento como um pôster motivacional.

Mas, do nada, quatro palavras brotaram em minha mente. E eram palavras que para sempre arruinariam minha capacidade de dizer a você como encontrar o propósito perfeito na vida:

Como eu cheguei aqui?

A verdade é que eu não sei.

Podia pensar nos anos que levaram até as escolinhas e explicá-los com uma visão perfeita de todos os eventos que se passaram comigo, mas a realidade é que eu não sabia como tinha ido parar em uma montanha no Vietnã. Não sabia como leitores do blog tinham se unido para mudar um vilarejo sobre o qual nunca nem tinham ouvido falar. Não sabia como tinha aterrissado do outro lado do mundo para sentar em uma mesa enquanto estudantes cantavam canções de celebração sobre enfim terem uma escola para frequentar.

Eu não descobri meu propósito e depois o executei. Não escrevi "Vietnã" em uma lousa em Atlanta, rabisquei embaixo "Nashville e Dave Ramsey" mais "Escrever três livros" e então passei a dar passos calculados em direção à minha cristalina linha de chegada, cruzando-a exatamente como tinha planejado desde o começo.

Não foi assim. Pelo menos não para mim. E, honestamente, nem para a maioria de nós. Mas quando falamos em "encontrar nosso propósito", pensamos que isso vai funcionar como um relógio, porque a maioria de nós acredita nas seguintes *mentiras* a respeito de objetivos:

TODO MUNDO, MENOS VOCÊ, SABE SEUS OBJETIVOS.

Eu não sei exatamente qual é o meu. Tenho uma ideia geral de um punhado de coisas que acho incríveis, mas não sei qual é meu objetivo perfeito. Pronto. Mito derrubado. (Espero que as outras sejam igualmente fáceis).

VOCÊ TERÁ APENAS UM OBJETIVO.

Culpo todos os filmes românticos em que alguém corre por um aeroporto por disseminar esta crença. É o equivalente da "alma gêmea" aplicado ao propósito. Você tem um, e "saberá quando acontecer". Isso, a quantidade de fogos de artifício no céu e a música romântica tocando ao fundo serão suas pistas. Não faz sentido.

VOCÊ DEVERIA TER DESCOBERTO SEUS OBJETIVOS AOS 22 ANOS.

Ah, sim, é *claro* que já deveria. E seu desempenho no SAT[1] também vale muito. Não sei dizer quantas vezes meu resultado do SAT surge numa conversa agora que tenho 37 anos. Parece até que é sempre a primeira coisa que querem saber. As pessoas vivem falando: "Seu trabalho é incrível, currículo invejável, mas diz aí: 'Qual a massa atômica do átomo de mercúrio?'. A maioria das pessoas *não sabe* qual é seu propósito aos 22 anos.

UM PROPÓSITO MUDA TUDO INSTANTANEAMENTE.

Você vai caminhar mais leve. As cores serão mais vivas. Até a comida terá um sabor diferente depois que você encontrar seu propósito na vida. Sabe aqueles calombinhos na textura do morango que você não gosta? Aquelas coisinhas que a maior parte das pessoas é capaz de ignorar, mas que você acha desconcertantes? Não se preocupe com isso. Assim que descobrir seu propósito, tudo muda, até a degustação dos morangos.

VOCÊ DEVE SABER QUAL É A LINHA DE CHEGADA ANTES DE DAR A PARTIDA.

Em *Os 7 Hábitos das Pessoas Altamente Eficazes*, o autor Stephen Covey escreveu que o segundo passo é "começar com o fim na cabeça".

---

1   Avaliação escolar norte-americana semelhante ao ENEM (Exame Nacional do Ensino Médio) no Brasil. (N.E.).

Concordo plenamente. É bom ter o resultado em mente. Mas desde que aquele livro foi lançado, mudamos o pensamento para: "Comece com o fim gravado em pedra". Como se antes de dar o primeiro passo você tivesse que saber exatamente qual será o último. Essa é a maior mentira de todas quando se fala de encontrar seu objetivo.

O resultado dessas mentiras é que a maioria de nós esquece de algo importantíssimo: o propósito não é um ponto final.

Uma das piores coisas que você pode fazer é tentar encontrar seu objetivo na vida. Nada limita tanto quanto "encontrar seu propósito", ou "descobrir seu sonho", ou "definir sua paixão".

Independentemente das palavras que você use, é tudo bobagem e nada disso funciona. Pelas seguintes razões:

TER UM OBJETIVO COLOCA UMA PRESSÃO TREMENDA EM VOCÊ.

Então tudo o que você precisa fazer agora é sentar-se com uma folha de papel em branco ou com um caderno vazio e pensar numa ideia que vai guiar o resto da sua vida neste planeta? Que bom.

O PROPÓSITO CRIA UMA IDOLATRIA

Assim que eu encontrar meu propósito, o resto da minha vida vai entrar nos eixos, minhas preocupações vão desaparecer e todas as manhãs eu vou pular da cama com o coração cheio de esperança e com brilho nos olhos.

O PROPÓSITO PARALISA VOCÊ.

Até que você encontre seu verdadeiro propósito, não pode começar mais nada. Quando encontrar, vai começar a correr, mas, até lá, você vai ficar onde está.

Por essas e outras razões, não sou um fã de "encontre seu propósito". Sou um fã de "viva com propósito". Viver com propósito permite que você:

COMECE HOJE.

Não há período de espera. Não é um trampolim. É um filtro para tudo que você encontra todos os dias. Esperar para encontrar seu propósito amanhã é uma boa maneira de garantir que você não viva com propósito hoje.

COMECE ONDE ESTÁ.

Você pode viver com propósito como pai, empregado, estudante, amigo ou como qualquer outra coisa.

COMECE COM O QUE IMPORTA PARA VOCÊ.

Por que fingir que você vai encontrar uma coisa – e só uma – que ama fazer para o resto da vida e excluir todas as outras? Não fique trancado em uma ideia única de propósito que o sufoca. Viva com propósito e desfrute de mil paixões diferentes enquanto segue continuamente pela estrada da grandeza.

A verdade é que muitos cientistas acreditam que seu cérebro ainda não está fisicamente desenvolvido até os vinte e poucos anos. Portanto, a ideia de alguém definir aos dezenove uma profissão e um propósito perfeitos para guiá-lo pelos próximos cinquenta anos é absurda.

E isso é só o cérebro. E seu coração? E suas paixões? Quando eles terminam de se desenvolver? Aos trinta e tantos? Depois dos cinquenta? Nunca, eu espero. Então por que achamos que vamos encontrar um objetivo único para nos guiar eternamente?

Esqueça. É uma história sem fim que o deixará vazio. Em vez disso, viva com propósito.

Acorde e vá trabalhar com propósito. Escreva três bilhetes de agradecimento a seus funcionários hoje.

Brinque com seus filhos com propósito. Coloque a mesma criatividade e energia que usa para projetos no trabalho na hora de brincar com seus filhos. Crie "objetivos familiares" como "levar meus filhos à escola cinquenta vezes este ano".

Ame seu marido ou esposa com propósito. Saiam juntos, não espere que momentos para se reconectar aconteçam naturalmente, e encoraje intencionalmente o outro a viver.

Saia de férias com propósito. Fique mais de doze segundos sem checar seu e-mail e note que ninguém morreu em sua ausência.

Sonhe com propósito. Siga os passos no fim deste livro em vez de apenas ler e colocar de voltar na estante.

O que quer que faça, faça com propósito. Não como se isso fosse uma chave que você vai achar no fundo de uma gaveta de suéteres velhos, mas como uma abordagem de vida que pode moldar tudo o que você faz.

A GRANDE MURALHA

Como você vai saber se está vivendo com propósito em vez de tentando encontrar um? Quando parar de se preocupar com a grande muralha do propósito. Pode parecer impossível no começo, porque ela é imensa. Vai por quilômetros e quilômetros para os dois lados, tem três mil metros de altura e, para a sua decepção, está perto do ponto de partida.

Fica lá, como uma sentinela no caminho para a grandeza. Não podemos passar por baixo. Não podemos escalar. Não podemos derrubar. Mas há uma porta bem ali no meio da parede e você pode ver a terra da grandeza pelo buraco da fechadura. Pode ouvir a grandeza se colocar o ouvido contra a porta. Sabe que está tudo logo ali do outro lado, mas o grande equívoco é achar que é preciso uma chave para abrir a porta. Não é.

Ela não está trancada; você só precisa girar a maçaneta e atravessar.

Este é o primeiro segredo do propósito: a porta estava aberta o tempo todo. Empurre-a e dê o próximo passo rumo à grandeza.

O segundo segredo é que geralmente é o propósito que encontra você. Ele está ligado ao movimento. Está ligado ao poder de ação. Adora surpreender no meio do caminho. Muito raramente vai lhe cumprimentar logo na frente de casa. O mais comum é que você encontre o propósito no meio da estrada, quando menos esperar.

Então comece. A porta esteve aberta esse tempo todo.

Mas devo avisar: no momento em que decidir, "vou viver com propósito hoje, em vez de tentar achar meu propósito um dia", você será tentado a procurar atalhos. Agora que é livre para começar o caminho do Aprendizado, pode querer transformar essa liberdade em uma licença para saltar adiante. Não faça isso. Nunca funciona.

ATALHOS

Não sei você, mas eu estou exausto. Nós escapamos da média, demos o primeiro passo rumo à grandeza e abrimos a porta da grande muralha do propósito. Passamos horas de imensas dificuldades. Agora estamos na beira da terra do Aprendizado, e o horizonte parece enorme.

Quer pular as três primeiras etapas e chegar direto à Colheita? Não preferiria dar um salto no começo e aterrissar na terra onde chove dinheiro? Eu preferiria. E se você também, parabéns, você é humano.

Todo mundo quer um atalho.

Quando confrontados com trabalho e recompensa, todos nós preferimos a recompensa antes, ou pelo menos o mais rápido possível. Mas o caminho para a grandeza não funciona assim. Pergunte a qualquer pessoa experiente e sincera se, na primeira tentativa, já era especialista em algo, e ela vai rir e lhe dar um pirulito.

Todos procuramos atalhos. Todos esperamos secretamente que haja uma porta dos fundos para nossos sonhos. Mas não há, nem que você seja a Gwyneth Paltrow.

Como atriz, ela está no estágio Domínio. Ganhou um Oscar, esteve em mais de vinte filmes e se casou com um homem famoso. Acho que esta última não faz de você uma grande atriz, mas, de qualquer maneira, pareceu relevante.

Um dia, ela decidiu que queria ser cantora também. Assinou um contrato de novecentos mil dólares com a gravadora Atlantic, estrelou um filme sobre música country chamado *Onde o amor está*, apresentou-se no Country Music Awards e planejou seu álbum de estreia.

Anos depois, o álbum não saiu, o filme foi um fracasso de bilheteria, e Gwyneth não tem cantado muito. Por quê?

Ela ainda não está no Domínio na área da música. Apesar do dinheiro que tem e de ser casada com o líder de uma das maiores bandas dos últimos vinte anos, ela não pôde pular as fases de Aprendizado e Foco. Independentemente de seu nome ser Gwyneth Paltrow ou algo consideravelmente mais fácil de escrever, adivinhe? Você precisa passar pelos anos de Aprendizado para ser um músico. Precisa passar pelos anos de Foco também, se quiser mesmo um dia entrar nas terras do Domínio, da Colheita e da Orientação, e ter sucesso nelas.

Gwyneth Paltrow não pode pular etapas no mapa para a grandeza. Nem você. (E não venha me falar do Bo Jackson. Ele jogou futebol americano e baseball a vida toda, tendo-as como duas paixões paralelas. Não era como se ele decidisse aos 31 anos começar uma nova. E eu te detono com o Bo no Tecmo Bowl[2].)

Então, se você passou os últimos oito anos sendo um contador e tendo sucesso nisso, e agora decide ser um escritor, se dê uma chance. Você pode ter sido um excelente contador, mas se quer ser um escritor, é hora de ter vinte anos de novo.

A verdade é que se você quer chegar à terra da Colheita, se você quer ser mais incrível, com mais frequência, precisa passar pelas terras do Aprendizado, do Foco e do Domínio cada vez que buscar algo novo, seja ele grande ou pequeno. Precisa trabalhar duro, fazer sacrifícios e se debruçar sobre sua área particular de grandeza com energia e entusiasmo. Sempre que alguém usa a palavra sacrifício em um livro, deve imediatamente compensar com alguma coisa encorajadora, senão as pessoas largam o livro e vão jogar Wii Fit.

---

2   *Tecmo Bowl* é um jogo de futebol americano de videogame lançado em 1988. (N.E.).

Então, aí vai: você não pode pular etapas, mas, como eu disse antes, pode acelerá-las. Há quatro maneiras de encurtar a quantidade de tempo que você passa em cada uma delas.

1. COMECE MAIS CEDO.

Em seu best-seller *Fora de série* (*Outliers*), Malcolm Gladwell cita um estudo conduzido pelo doutor. K. Anders Ericsson. Ericsson é um psicólogo sueco, atualmente reconhecido como um dos líderes mundiais em pesquisas sobre especialidades. Gladwell escreveu sobre a "regra das dez mil horas", uma ideia sugerida por Ericsson de que a especialidade requer dez mil horas de prática para ser atingida (mais ou menos vinte horas por semana por dez anos). Então por que, segundo a análise de Gladwell, Bill Gates virou Bill Gates, ou Tiger Woods virou Tiger Woods? Em parte, porque eles começaram mais cedo que as outras pessoas. Tiger tinha um taco de golfe na mão quando ainda mal sabia andar. Gates começou a programar computadores aos treze anos. Quando tinha seis anos, Mozart havia praticado cerca de 3.500 horas de piano.[3] No fim, o atalho para a grandeza não tem nada de atalho. Você simplesmente começa mais cedo que os outros. Como resultado, pode atingir o Foco, o Domínio e a Colheita muito mais cedo na vida. Não foi por sorte que Woods venceu o Masters por absurdas doze tacadas quando tinha apenas 21 anos. Ele estava Aprendendo, Focando e Dominando havia dezoito anos.

2. APOIE-SE EM OMBROS DE GIGANTES.

Sinto-me mais confortável como palestrante do que deveria, baseado na quantidade limitada de experiência que tive, e o responsável por isso é meu pai. Ele é pastor e eu passei dezoito anos vendo-o pregar. Por quase duas décadas, ele me mostrou como era divertido, e normal, estar na frente de centenas de pessoas e compartilhar uma ideia com

---

3   SYED, Matthew. *Bounce: Mozart, Federer, Picasso, Beckham, and the Science of Success* (New York: Harper Collins, 2010), 57.

elas. Eu não me ensinei a ficar calmo no palco – meu pai me ensinou isso, e é nele que me apoio.

Se seu pai foi um jogador de baseball profissional e lhe criou nos vestiários, você terá uma vantagem para começar a carreira no baseball, se esse for o caminho que quer. Vai crescer entendendo o jogo de uma maneira que a maior parte das pessoas não conseguirá. Se construir sobre o alicerce dele, pode chegar à Colheita bem mais rápido do que outras pessoas.

Se você tem um pai, mãe, mentor, chefe ou amigo que abriu o caminho, pode ser que consiga se apoiar no ombros de um gigante. E, como diz Andy Stanley, você irá "mais longe, mais rápido" do que iria sozinho.

3. TRABALHE MAIS DURO E LIGEIRO.

Nunca conheci um fazendeiro que fosse surpreendido por suas plantações. Que ficasse na varanda, vestido de macacão-jardineira, imagino, olhando para a lavoura de laranjas quando se lembrava claramente de ter plantado soja. Se você trabalha duro, tende a esperar resultados. Se decide que vai passar dez horas por semana em sua rota para a grandeza em vez de vinte, vai chegar lá mais devagar do que alguém que pegue as vinte e coloque a mão na massa. Se quiser tuitar agora, "O trabalho duro compensa, uma nova ideia de @jonacuff", fique à vontade.

4. COLHA NOS CAMPOS ALHEIOS.

Gladwell não colocou a regra das dez mil horas como razão definitiva pela qual Bill Gates virou Bill Gates. Na verdade, ele argumentou que "o maior equívoco sobre sucesso é que o alcançamos puramente com nossa esperteza, ambição, pressa e trabalho duro". Se Gates não tivesse tido acesso a um computador aos treze anos, teria sido difícil para ele acumular dez mil horas tão rapidamente. Ele teve oportunidades que outras pessoas não necessariamente tiveram. Em outras palavras, colheu de campos que não semeou.

Isso às vezes acontece na vida. Você tem uma oportunidade que está além do que seus anos de experiência permitiriam. Alguém aposta em você. Contra toda a lógica, um chefe acredita em você e arrisca um projeto sob sua jovem liderança. Um amigo tem um contato em uma gravadora, e com uma conexão você derruba dúzias de barreiras que geralmente alguém enfrenta para ter sua demo ouvida.

Haverá momentos em que você poderá colher em campo alheio e encurtar um ou dois estágios. É o que chamamos de "grande chance". É o que está acontecendo comigo agora. Quando me contratou, Dave Ramsey me levou de palestras em que eu falava para cem pessoas a multidões de dez mil pessoas praticamente da noite para o dia. Eu não conquistei essa oportunidade. Dave passou vinte anos construindo seu espaço e então graciosamente me convidou para juntar-me a ele. Quando falo em um evento de Dave Ramsey, essa é a colheita dele, que está sendo generosamente dividida comigo.

Eu plantei nos campos que Dave está me deixando colher? Não. Essa foi uma linha de chegada que jamais imaginei. Cheguei lá sugerindo a ideia de ter nomes novos, como eu, em sua empresa? Não. Foi meu trabalho duro que fez de Dave um líder generoso e humilde o suficiente para dividir o palco com alguém que tecnicamente não fez por merecer? Não.

Mas adivinhe onde eu estava quando Dave me convidou para pensar em entrar para seu time? No escritório dele. Era a terceira vez que eu ia até lá para palestrar em dois anos. De graça. Tinha passado anos construindo uma marca. Passado anos escrevendo em um blog e um livro. Tinha passado anos correndo e trabalhando duro nas terras do Aprendizado e do Foco. Dave não bateu na minha porta e disse, "Nunca ouvi falar de você, mas estou aqui para mudar a sua vida com uma oportunidade incrível". Eu já tinha chutado a porta do propósito e começado a viajar pela estrada da grandeza quando conheci Dave. Ele me encontrou quando eu já estava em movimento. Nosso relacionamento não foi um subproduto da sorte. *Sorte* é uma palavra que os preguiçosos usam para descrever quem está na correria. Se você sentir o gosto dela em sua boca, cuspa imediatamente.

À primeira vista, duas dessas maneiras de acelerar a chegada à grandeza deveriam fazer você me odiar pelo menos um pouquinho. "Ah, que ótimo! Tudo o que preciso fazer para chegar à grandeza é começar meu sonho quando eu era bebê. Fantástico. Vou pegar uma máquina do tempo. E preciso que meu pai seja um membro bem-sucedido exatamente do mesmo campo sobre o qual me interesso. Obrigado pela ajuda, Jon!"

Não é nada disso o que estou dizendo. Você não precisa voltar no tempo para ser grande; você só precisa começar agora. Arrepender-se de não ter começado antes é uma grande distração que o impede de ir em direção ao seu sonho hoje, e a realidade é que hoje é mais cedo que amanhã. Quanto a ter ou não uma mãe ou um pai que mostrou o caminho das pedras, ou um gigante em sua vida, isso também tem conserto. Você ficaria surpreso em saber como é fácil encontrar um gigante, alguém que está mais à frente da estrada que você. As pessoas incríveis geralmente são surpreendentemente dispostas a dividir sua sabedoria, se você pedir humildemente.

Você pode não conseguir pular etapas, mas vai se admirar com a diferença que disposição, trabalho duro e os passos que discutiremos neste livro podem fazer por sua habilidade em encurtá-las.

Só tome cuidado para, na correria, não acabar pensando que você merece mais do que realmente merece.

A ARMADILHA DO MERECIMENTO

Existem dois tipos de conferencistas:
1. Pessoas importantes
2. Pessoas que são entrevistadas no palco

Pessoas importantes são geralmente grandes oradores que fizeram grandes ações. Malcolm Gladwell, por exemplo, é uma pessoa importante. Pode ser que você o conheça. Eu já o citei duas vezes neste livro e provavelmente continuarei fazendo isso umas 47 vezes. Ele é ótimo na arte da oratória e escreveu alguns dos melhores livros de negócios dos últimos quinze anos.

A segunda categoria de conferencistas é composta por alguém que fez algo impressionante, mas pode não ser um bom orador. Josh Hamilton, por exemplo, está nessa categoria. Quando ele ocupou o palco principal da Catalyst Conference, um evento sobre liderança que reuniu treze mil pessoas em Atlanta, foi entrevistado. Ele teve uma conquista impressionante – saiu do vício em drogas e se tornou um *Major League All-Star*[4] – mas não é alguém que fala bem em público. Não é este o seu dom.

Gosto de pensar que estou na primeira categoria, que sou uma pessoa importante, mas ocasionalmente os organizadores de conferências me lembram que eu não sou. Principalmente por e-mail.

Enquanto eu estava escrevendo este livro, descobri que tinha sido rebaixado à categoria de entrevistado em um evento que ia participar. Ah, por mim tudo bem, claro, tenho umas histórias ótimas de quando venci os Yankees com uma rebatida espetacular no final do jogo, e eu adoro falar sobre os *home runs* que fiz, mas é desapontador mesmo assim.

No momento em que recebi a notícia de que eu estava no nível de entrevista, e não no nível importante de conferencista, quis responder ao e-mail com: "Você está brincando? Entrevistas são para celebridades que odeiam falar em público, mas têm uma boa história que todo mundo quer ouvir. Entrevistas são para pessoas que ainda não estão acostumadas a falar com um microfone na mão, e que não são confiáveis no palco. Entrevistas são as rodinhas da bicicleta da oratória. Eu já sei empinar e andar com uma roda só, meu filho. Para frente e para trás. Eu estou pronto!".

Só que eu não estou. Falei em público profissionalmente pela primeira vez em 2008. Desde então, já fiz isso umas cem vezes. Claro, tive meus grandes momentos, como quando falei para dez mil pessoas em uma faculdade, mas alguém que só praticou algo cem vezes é mesmo um mestre?

Para ser honesto, eu ainda estou na terra do Aprendizado no que diz respeito à oratória. (Se você está pensando em me contratar, por favor, não permita que esta honestidade seja confundida com um cachê mais baixo.) Ainda tenho vinte e poucos anos na hora de lidar com o

---

4   *Major League* é o campeonato norte-americano de baseball, e *all stars* são os melhores jogadores, eleitos para participar do "jogo das estrelas", uma vez por ano. (N.E.)

microfone. E é aí que reside a maior tentação que a maioria de nós vai enfrentar enquanto ainda está na terra do Aprendizado.

Queremos entrar na Colheita sem antes viajar através do Aprendizado, Foco ou Domínio.

Só é preciso dar alguns passos na terra do Aprendizado para ver a primeira escada do merecimento. Ela está encostada lá com seu nome escrito. "Venha para cá", ela sussurra. "Você já trabalhou demais; aqui está uma escada para subir ao topo imediatamente. É sua hora!".

Eu já entendi, de verdade. Não quero aprender a ser um excelente orador. Não quero passar horas Focando nessa habilidade. Não quero perder tempo dominando-a. Só quero fazer algumas vezes, para que todos me reconheçam como mestre, e desfrutar as recompensas.

Por que achamos que podemos pular trinta anos de experiência? Acho que existem muitas razões, mas aqui estão três óbvias:

1. A INTERNET MUDOU NOSSA DEFINIÇÃO DE *EXPERT*.

Em 2012, um grupo chamado Invisible Children lançou um vídeo viral sobre o chefão da guerra em Uganda, Joseph Kony. Havia muita oposição à sua missão de justiça social, e uma das fontes citadas era um blog chamado *Visible Children*. O autor deste blog, que a mídia citava como um *expert*, era um grisalho estudioso de Uganda? Um homem na casa dos sessenta que tinha vivido naquele país antes de voltar aos Estados Unidos para escrever livros sobre os desafios e oportunidades singulares que Uganda apresentava? Não, o autor era um estudante universitário de segundo ano do Canadá. Inundado por solicitações da imprensa, ele teve que escrever posts em seu blog que diziam: "Sou um estudante de Ciências Políticas do segundo ano, não um expert, e a audiência para este post era um grupo de cerca de trinta amigos para quem eu enviei originalmente". E, "Hoje eu recusei pedidos de entrevistas para a Al Jazeera em inglês, FOX, *Today's show* da NBC e BBC World Service. Por quê? Porque *minha opinião* não é relevante".

Que resposta honesta. Mas revela uma mudança em nossa cultura. Vinte anos atrás, sabe quem a BBC não contatava para obter opiniões especializadas em questões geopolíticas de países africanos? Calouros universitários.

2. NÓS CELEBRAMOS CELEBRIDADES QUE NÃO FIZERAM NADA.

É impossível ir até o supermercado e não ser confrontado com revistas promovendo pessoas que são famosas por serem famosas. A mensagem é simples: você não precisa fazer nada para ser considerado importante. Claro, já havia revistas de fofocas e personalidades famosas, como Marilyn Monroe, há décadas, mas ela também esteve em 29 filmes. Ela era famosa porque fazia filmes.

3. TODO O RESTO NA VIDA É IMEDIATO.

Se você já praticou esportes na infância, então você já ouviu seu treinador afirmar pelo menos catorze vezes, "Você joga como você treina". Se você passa dezoito horas brincando e fazendo exercícios sem empenho no treino, não pode de repente apertar um botão e virar um jogador incrível durante a partida. Seu treino determina seu jogo. Isso é verdade para quase todos os aspectos da vida. Então, o que estamos praticando agora como cultura? Tudo deve ser imediato. Esse é o grito de guerra dos fabricantes de smartphones. "É o 4G mais rápido! Seu celular novinho já é velho há dez segundos!" E assim que você consegue o rápido, quer o mais rápido ainda, imediatamente, porque sua definição não para de mudar.

Quando estava na faculdade, eu realmente dizia esta frase com frequência: "Não consegui entrar na internet hoje". Dizia porque era verdade. Conectar-se à internet era uma experiência difícil, louca e cheia de ruídos. E se você fosse sortudo o suficiente para entrar, ficava sempre com medo de que a conexão caísse, de que o provedor dissesse "Tchau!" sem mais nem menos e o obrigasse a começar o processo todo de novo. Era a versão tecnológica de um Ford T. Agora? Se meu smartphone não pegar quatro barras de sinal nas florestas do Brasil, eu me enfureço. O comediante Louis C.K. resume esta expectativa com uma resposta que ele usa quando as pessoas estão irritadas por seus smartphones não estarem funcionando rápido. Ele diz, "Espere um segundo! O sinal está indo para o espaço! Você pode dar um segundo para ele voltar do espaço?".[5]

Todos os dias nos deparamos com a crença de que as coisas boas devem ser entregues rapidamente. É claro que nossas carreiras, vidas e propósitos devem acontecer na mesma velocidade. Seria ridículo imaginar que eles levam tempo!

Se você vive com essas três crenças por bastante tempo, começa a sentir que merece ser considerado um *expert* imediatamente. Começa a acreditar que merece entrar na terra da Colheita assim que sai da faculdade, ou até mesmo durante a faculdade, se fizer as coisas certas. Que tem o direito de pular as terras do Aprendizado, Foco e Domínio. Que está pronto para ocupar um lugar no palco principal da conferência, não para uma entrevista.

Você não está. Nem eu. E tudo bem, porque eu subi a escada do merecimento uma dúzia de vezes e deixe-me dizer aonde ela leva… a lugar nenhum.

Você só sobe, sobe, sobe, e cada degrau o leva para mais longe da realidade e do que realmente é preciso para alcançar a grandeza. Toda a sua percepção de mundo muda lá de cima. As outras pessoas parecem minúsculas e insignificantes, como formigas irritantes no meio do caminho. Elas não entendem você e são incapazes de compreender todo o escopo de sua excelência. Mas do alto da escada tudo isso faz sentido.

O grande risco da escada do merecimento é que ela nunca acaba. Não para. Você só vai subindo e subindo até que o ar fica tão rarefeito e seu julgamento tão perturbado que eventualmente você acaba gritando a frase da qual tirava sarro: "Você sabe quem eu sou?". E quando alguém diz "Você sabe quem eu sou?", o que está realmente dizendo é "Você sabe quem eu sou? Porque eu não sei. Perdi aquela pessoa de vista muito tempo atrás".

Não suba nem um degrau na escada do merecimento. Exigir algo que você não conquistou de verdade é uma maneira ótima de ficar preso

---

5   EMERSON, Ramona. "Comedians on Technology: Louis C.K., Mitch Hedberg, Bill Murray and Others Rant About Tech", *Huffington Post*, em 20 de fevereiro de 2012.

na terra do Aprendizado por décadas, talvez até pela vida toda. Chute as escadas para longe e siga andando.

Você pode encurtar sua jornada com trabalho duro, mas a escada do merecimento não vai levar a lugar algum.

IGNORE AS VOZES

Histórias sem dragões são chatas.

Você não tem um "felizes para sempre" a não ser que, em algum momento, ele tenha estado em jogo, a não ser que a aventura toda tenha sido posta em xeque. Que o sucesso tenha sido uma incógnita para todos. Que a sobrevivência tivesse de ser conquistada.

Um herói sem vilão não é um herói de verdade. O Super-Homem sem o Lex Luthor seria apenas "Homem", e esse seria um filme bem sem graça.

Mas fique tranquilo, esta história tem um vilão também. Esta história tem um dragão.

Você sabia que precisava ter. Como discutimos na primeira parte deste livro, a grandeza é simples. O caminho não é complicado. O plano não é complexo. Então por que você e eu não passamos mais tempo sendo incríveis na vida até agora?

Nós provavelmente ficamos presos na floresta de vozes.

Um dia, em uma cabana dos anos 1920, perto de um trilho de trem e casas no estilo de Norman Rockwell, meu amigo Al Andrews me fez uma pergunta.

Al dirige uma instituição sem fins lucrativos chamada Porter's Call em Franklin, Tennessee. Cerca de dez anos atrás, ele percebeu que muitos dos clientes que vinham para seu consultório de terapia eram músicos. Alguns deles precisavam desesperadamente de um lugar seguro para recuperar suas histórias, mas não podiam pagar por uma terapia convencional. Outros estavam vendendo dezenas de milhões de discos e precisavam de um lugar onde pudessem ser eles mesmos, não a ideia ou a imagem que as pessoas viam no Grammy.

Então Al foi às gravadoras em Nashville e disse: "Olha só, vocês estão gastando milhões de dólares criando essas superestrelas da música.

Estão cercando essas pessoas com talentos musicais, estilistas, designers e equipe de apoio. Mas aí a vida delas desmorona no processo. E se vocês patrocinassem o Porter's Call e ele se tornasse um lugar onde os músicos e suas famílias pudessem receber terapia gratuita?".

As gravadoras amaram a ideia, e então, ao longo da última década, Al tem criado um refúgio seguro para artistas. É uma proposta surpreendente em uma cidade que, na maioria dos casos, tende a moer os sentimentos e as energias dos músicos.

Meu pai fez faculdade com Al, então ele me deixa burlar a regra do "deve ser um músico de uma gravadora para ir ao Porter's Call". Uma tarde, Al me perguntou: "O que suas vozes dizem?".

Achei a pergunta meio louca e pensei em responder com jargões psicológicos que aprendi nos últimos anos:

"Meus pais não me abraçavam."

"Gostaria de aprender a ouvir e a refletir melhor o que as pessoas dizem."

"Podemos usar esta sessão para falar de algumas das minhas feridas paternas?"

Em vez disso, decidi responder a pergunta dele com uma pergunta minha, então perguntei a Al o que ele queria dizer.

Ele ficou quieto por alguns segundos e provavelmente coçou sua barba, pensativo, porque é isso que os terapeutas ficam fazendo nos filmes. Então ele disse: "Bom, eu venho perguntando isso a milhares de pessoas ao longo dos anos, e aprendi uma coisa: ninguém tem uma voz interna positiva. A voz interna de ninguém diz, 'Você está magra o suficiente. Bonita o suficiente. Todo mundo vai amar esse seu novo projeto. Vai ser um grande sucesso'. O que me deixa curioso para saber o que as suas estão dizendo.

"A maior parte de nós tende a achar que elas estão dizendo a verdade. Nós as ouvimos há tanto tempo que confiamos nelas. Achamos que estão cuidando de nós, que pensam em nosso melhor. Que estão tentando nos proteger. Achamos que nossas vozes são amigas, mas não são. São inimigas."

Fui embora naquela tarde sem uma resposta. Dirigi para casa pensando naquela pergunta, "O que minhas vozes me dizem?".

Por semanas, a questão me perseguiu. Não escrevi nenhuma poesia *emo* a respeito nem tatuei com letras tribais no meu pulso, mas ela ficou comigo. Para resolver isso, decidi fazer algo bem simples. Decidi escrever as mensagens das minhas vozes.

A primeira que ouvi era bem óbvia.

Por anos e anos, todas as manhãs eu ouvi a mesma pergunta em minha mente e em meu coração. Uma das vozes sempre pergunta, "Você é feliz o suficiente?". É uma pergunta pequena, mas a conversa que ela inicia é tudo, menos pequena.

Voz: Você é feliz o suficiente?

Eu: Sou bem feliz. Não sou feliz o tempo todo. Quer dizer, às vezes eu sou triste.

Voz: Opa! Você não é feliz o tempo todo? Você tem seu emprego dos sonhos. Ganha a vida escrevendo e falando. Trabalha para Dave Ramsey! Se você não é feliz o tempo todo agora, não sei se será feliz algum dia.

Eu: Ai! Só de pensar nisso fico infeliz. O que devo fazer para resolver?

Voz: Talvez exista uma coisa que você pode fazer perfeitamente hoje e que vai deixá-lo perfeitamente feliz.

Eu: Boa ideia. O quê?

Voz: Difícil dizer. É melhor se garantir e fazer tudo perfeitamente hoje.

Eu: Preciso ser perfeito o dia todo? É muita pressão. Isso meio que me deixa infeliz.

E roda, roda, roda.

Antes que eu me dê conta, o melhor da minha criatividade, do meu tempo e da minha energia foram requisitados por essa voz. E nem é a única voz. Há muitas que ouço ao longo dos dias e semanas de minha jornada. Há vozes de medo e dúvida, e elas são governadas por uma verdade simples: só ficam altas quando você faz algo que importa. Quer continuar na estrada da média? Quer tomar sorvete de baunilha pro resto da vida? Ok, o medo e a dúvida vão te deixar em paz.

No entanto, no primeiríssimo passo que você der na estrada para a grandeza, o medo e a dúvida vão acordar de seu sono. No minuto em que as dobradiças da porta do propósito rangerem, as orelhas pontudas do medo e da dúvida estarão em alerta. Continue na estrada para a grandeza que o medo e a dúvida começam a sussurrar mentiras e afirmações confusas para levar você de volta ao caminho seguro da média. Mas você precisa saber que essas vozes não são únicas. Na verdade, elas transmitem mais ou menos as mesmas três mensagens para todo mundo que ousa entrar na estrada para a grandeza.

1. QUEM É VOCÊ PARA FAZER ISSO?

No instante em que você escolher ser incrível, o medo perguntará: "Quem é você para fazer isso?".

O medo não liga para o que "isso" é em cada caso. Você pode estar começando um negócio ou pedindo demissão. Pode estar escrevendo um livro ou se tornando babá. Para o medo, não importa. Nada específico importa. Independentemente do que você quer fazer ou de quem você é, o medo sempre o verá como alguém completamente desqualificado para qualquer coisa que sonhe ou tente.

Até o mais leve passo em direção à grandeza fará o medo acender seu coração como um sinalizador em chamas.

"Quem é você para fazer isso?"

"O que faz você achar que pode ser isso?"

"Você não tem educação, background ou experiência."

"Você é só uma mãe ou atendente de telemarketing."

"Nenhuma de suas experiências serve para este novo sonho."

O primeiro argumento do medo é o de que você não é qualificado, e foi isso que eu vivenciei quando escrevi meu terceiro livro, *Quitter*. Meu primeiro livro foi uma sátira cristã, e *Quitter* ia ser um livro de negócios. O medo foi bem rápido em me mostrar isso. Eis o que uma das vozes disse:

"Você não é capaz de escrever um livro como *Quitter*! Seu primeiro livro nem conta. Você nunca escreveu um livro de verdade. Foi só um blog bobo que virou livro. É uma coleção de ensaios mal-arrumada, e é ilustrado! Tem um unicórnio saltitando por um campo de flores. Você não escreveu um livro; publicou um caderno para colorir. Quem você pensa que é para escrever um livro de negócios? O que faz você pensar que pode mudar de área? Você não pode ir da prateleira de livros religiosos para a de negócios. Você é o cristão engraçado. Isso é o que você é, e ninguém vai acreditar em nada diferente. Como você ousa sonhar que pode escrever um livro de negócios? Ninguém vai acreditar nisso."

E eu acreditei na voz. O processo de escrita foi torturante, e mesmo depois da publicação eu lutei contra aquela voz.

Um dia, meu líder de equipe me chamou em sua sala e me perguntou por que eu estava me desculpando por *Quitter*. Eu não sabia o que ele queria dizer, então ele explicou.

"Você acredita no *Quitter*? Acredita que é um bom livro e que as pessoas precisam lê-lo? Acredita que pode ajudar alguém a mudar de vida?"

Demorei um pouco para responder, mas minha resposta era sim.

"Então você precisa começar a falar sobre isso. Você vem praticamente se desculpando por ele, timidamente compartilhando online e ignorando. Tenha coragem de admitir que você escreveu um bom livro. Acredite nele. Pare de se desculpar."

Ele estava certo. A voz que eu ouvia não era uma amiga. Era uma inimiga. E, ao tentar me tirar de meu rumo, mostrou sua verdadeira face.

Se você conseguir dominar o sentimento de se achar altamente desqualificado para fazer algo incrível, o medo mudará de tática e te entregará um calendário.

2. É TARDE DEMAIS.

Eram 7h27 de uma manhã de segunda-feira. Eu estava sentado em meu escritório, em casa, na frente de uma estante de livros que minha esposa tinha reorganizado por cor. Estava tentando escrever um pouco, mas um coro de vozes enchia minha cabeça. Elas diziam o seguinte:

Você está atrasado.

Nunca estará na frente.

Se você se adiantasse, poderia descansar.

É tarde demais.

Se você tivesse mais tempo, conseguiria fazer tudo.

Como a maioria das vozes com que luto, esta não era nova. Mas, naquela manhã, pela primeira vez, decidi que talvez ela fosse falsa. Então, em vez de surtar, decidi escrever o que cada pensamento realmente queria dizer:

"Você está atrasado."

Atrasado para quê? De acordo com qual cronograma? Contra qual medida? Não tenho nenhum horário no momento. O trabalho ainda nem começou. Não estou numa corrida. Não estou competindo contra ninguém. Que atraso é esse?

"Nunca estará na frente."

Na frente do quê? O que isso quer dizer? Quem está definindo esta *frente*? Tenho uma leve suspeita de que a *frente* não existe.

"Se você se adiantasse, poderia descansar."

O descanso é um dom, não uma recompensa. Não é um hobby do qual os preguiçosos tiram vantagem; está entranhado no tecido de nossa própria composição biológica. O corpo foi desenhado para descansar. Não preciso conquistar isso com minha performance. O descanso não é um subproduto do meu sucesso; é um subproduto de minha humanidade. Não preciso me adiantar para desfrutá-lo ou precisar dele.

"É tarde demais."

Ridículo. São 7h27 da manhã de segunda. Como já pode ser tarde demais esta semana? Não poderia ter mais tempo à minha frente esta semana nem se eu tentasse. Recuso-me a aceitar que o minuto em que acordo numa manhã de segunda já seja "tarde demais".

"Se tivesse mais tempo, conseguiria fazer tudo."

Bobagem. Minha definição de "tudo" só ia aumentar. E por que o "fazer tudo" é o objetivo? Se você descobre algo que ama fazer, não quer parar de fazer. Você quer fazer todos os dias. "Fazer tudo" já era.

Depois de alguns minutos escrevendo, o absurdo da visão do medo relacionado ao tempo veio à tona. E é absurdo porque o medo tenta te dizer duas coisas sobre o tempo: "Deixe para depois" ou "É tarde demais".

A primeira atrasa você usando preguiça. A segunda destrói você usando o remorso.

E nenhuma é verdadeira.

A não ser que você já esteja morto, não é tarde demais. Não dê crédito ao calendário que o medo e a dúvida querem lhe mostrar. É terrivelmente pesado e nunca tem uma página para "hoje". O calendário do medo e da dúvida sempre começa com "ontem" ou "amanhã". Você tem hoje, e hoje é tudo o que você precisa para começar. O resto aparecerá no caminho.

3. TEM QUE SER PERFEITO.

Como eu disse antes, o medo e a dúvida são esquizofrênicos. Eles adoram argumentar os dois lados da moeda para que você não tenha onde se apoiar. Gostam de dizer: "Nunca vai dar certo" e "Tem que ser perfeito".

O primeiro pensamento diz a você que nenhuma parte do seu sonho terá sucesso. O segundo diz que todas as partes precisam ser um sucesso. Não faz o menor sentido, mas você vai dar ouvido aos dois lados.

Esta é bem fácil de derrotar. A realidade é que desde o início dos tempos nunca houve uma situação que o medo achou que daria certo. Se você perguntar ao medo se algo vai dar certo, a resposta sempre será não.

O medo teria dito aos irmãos Wright que não voassem. O medo teria dito a Rosa Parks[6] para mudar de assento no ônibus. O medo teria dito a Steve Jobs que as pessoas odeiam *touchscreens*.

Nem peça conselho a ele. Você sabe a resposta. Apenas siga em frente.

---

6   Mulher negra norte-americana que se tornou símbolo do movimento dos direitos dos negros por ter se recusado, em 1955, a ceder seu lugar no ônibus a um homem branco. Acabou sendo presa por isso, o que causou forte comoção e o início da luta pelos direitos dos negros nos Estados Unidos. (N.E.).

Essas são as três mensagens mais comuns, mas você ouvirá outras. Perguntei a milhares de pessoas o que suas vozes diziam, e elas deram milhares de respostas diferentes.

Uma vez, perguntei a um grupo de pastores da juventude. Eles me contaram coisas como:

"Você trabalha com crianças; sempre será uma criança; nunca será um homem de verdade."

"Você nunca foi ao seminário. Quem é você para ensinar crianças?"

Perguntei a um grupo de homens o que suas vozes diziam, e um deles gritou da primeira fila: "Espere até seu pai voltar para casa". Ele tinha mais de cinquenta anos, não vivia na casa dos pais há três décadas e, no entanto, o medo ainda soava alto em sua cabeça.

Se você não lida com suas vozes, elas não vão embora. Não ficam menores por vontade própria.

A dúvida e o medo são como músculos. Toda vez que você acredita em uma mentira sobre si mesmo, fica mais fácil acreditar na próxima. Se você ouvir as vozes pelos próximos dez anos, elas vão ficar mais fortes ainda nos dez anos seguintes. Vão ficar mais altas e perto da superfície. Vão precisar de menos justificativas para aparecer e ficarão tagarelas.

Em suma, se você não matar as vozes, elas matam você.

Mas não vamos deixar isso acontecer. Não vamos virar acumuladores emocionais, estocando raiva e amargura até achar que todos estão querendo nos destruir. Vamos vencer as vozes fazendo duas coisas:

1. DOCUMENTANDO.

Vozes fazem um *bullying* invisível, e odeiam quando você as torna visíveis. A melhor maneira de fazer isso é identificá-las com palavras. Simplesmente escrevê-las em um caderno. Elas não aguentam ser documentadas porque, no minuto em que isso acontece, você consegue enxergar como são estúpidas. As mentiras odeiam a luz do dia.

Toda vez que você der um passo em direção à grandeza e uma voz aparecer, escreva. Não pergunte, "Isso é uma voz?" antes. Só escreva. De qualquer jeito mesmo. Rabisque todas que conseguir, e depois as refute com a verdade, como eu fiz com as que me diziam que era tarde demais e que eu estava atrasado. Este é o primeiro passo.   •

2. COMPARTILHANDO NOSSAS VOZES.

Você sabe o que a dúvida e o medo temem? Comunidade. Um dos maiores objetivos do medo e da dúvida é fazer você se sentir sozinho. Como se só você sentisse certas coisas. O medo quer isolar você e colocá-lo em uma ilha. E enquanto você guardar o medo para si, ninguém vai poder lhe contar a verdade sobre ele.

Ninguém vai poder mostrar que você está mentindo para si mesmo. Ninguém vai poder admitir que se sente como você. Ninguém vai poder ajudar você a ver o que realmente está acontecendo. Ninguém vai poder encorajar você.

Então, se você vai dizer às suas vozes, "Caiam fora, vagabundas", precisa dividi-las com outras pessoas.

Agora, essa é claramente uma coisa bem fácil de fazer. Você vai até o Starbucks, pede um Venti Vanilla Latte desnatado e bem quente, e quando o atendente perguntar, "Quer a nota fiscal?" diga, "Não, eu não preciso da nota. O que eu preciso é parar de ouvir as vozes na minha cabeça que me dizem que já existem fotógrafos profissionais demais no mundo. Certo? Você também ouve as vozes? Não? Tudo bem, então vou só pagar pelo café e por esse box de CDs do Jason Mraz. Obrigado".

Não é fácil encontrar pessoas com quem dividir as vozes. Nas palestras que dou, fazemos isso como um exercício. Fazemos sessões inteiras, e o tom da sala muda quando as pessoas se dão conta de que não estão sozinhas e que todos têm os mesmos medos e dúvidas.

Você precisa falar sobre as vozes com seus amigos próximos, família ou terapeuta. A pessoa certa será diferente para cada um que ler este livro, mas nunca perca tempo tentando batalhar sozinho contra a voz. Em alguns casos, a voz do medo terá uma vantagem de dez anos sobre você. Não vá sozinho.

CONSIDERAÇÕES FINAIS SOBRE O MEDO

No pior caso, a floresta das vozes é um buraco negro insaciável, sugando nosso tempo, nossa energia e nossa esperança.

No melhor dos casos, é uma bússola. Como Steven Pressfield diz, ela pode "apontar o verdadeiro norte... aquela ação e vocação que ela mais quer evitar que façamos".[7]

Comece. E quando você passar pelo muro do propósito, chutar a escada do merecimento e lutar contra as vozes do medo e da dúvida, o mapa da grandeza ficará um pouco mais claro. Os próximos passos não serão fáceis, mas serão cada vez mais recompensadores se você continuar na rota.

---

7   PRESSFIELD, Steven. *A guerra da arte – Supere os bloqueios e vença suas batalhas interiores de criatividade.*

4

APRENDIZADO

Reserve seu capital para comprar este livro (que eu espero que tenha sido pago sem desconto e imediatamente resenhado na Amazon), a estrada para a grandeza não vai custar nenhum dinheiro. Tanto faz se você tem um centavo ou um império de um bilhão de dólares, qualquer um pode seguir por este caminho.

Mas a jornada não é gratuita. Na verdade, ela terá um custo para você em uma moeda diferente, a mais valiosa que existe: tempo.

Todas as terras pelas quais você passar, do Aprendizado à Orientação, vão exigir depósitos do seu tempo. Mas em vez de esperar que mais tempo apareça magicamente no seu dia, você vai lançar uma missão de resgate dos seus dias atuais. Isso começa neste instante.

SÓ PRECISAMOS DE TRINTA

Ao reconhecer que o tempo era o combustível que me movia pela estrada, imediatamente tentei ir de 0 a 1000 km/h de um dia para o outro. Isso não é nenhuma surpresa. Lembra-se da voz do tudo ou nada? Aquela que diz para você "Não faça" ou "Faça tudo perfeitamente"? Ela ganha volume de novo quando você começa a deliberar sobre como gastar seu tempo.

No instante em que você pensar seriamente em como achar mais tempo em seu dia ou semana para se empenhar em ser mais incrível mais vezes, o medo dirá a você que garanta que cada segundo do seu dia esteja perfeitamente planejado. Ele vai tentar convencê-lo a adotar um sistema complicado de administração do tempo ou, no meu caso, um samba.

SAMBA significa:
Servir
Adorar
Mandar
Bocejar
Agitar

Decidi que todos os dias, o dia todo, eu garantiria que minhas atividades caíssem em uma dessas cinco categorias. Se eu estava no trabalho, contava como tempo de Serviço. Escreva. Se eu estivesse dormindo, olha só quantos minutos de Bocejo eu estava economizando! Anote. Se eu estava fazendo exercícios, era hora do Agito. (É isso que acontece quando você tenta inventar um acrônimo. Pelo menos uma das letras em qualquer acrônimo vai ser o patinho feio. Juro que considerei cinquenta outras palavras com A antes de ser obrigado a escolher *agitar*.)

Eu andava com um caderninho pra cima e pra baixo, constantemente checando meus minutos para ter certeza de que estava tocando o SAMBA que ia sincopar meu caminho para ser mais incrível mais vezes. Escrevi vários posts meio pretensiosos no meu blog sobre isso para contar a todo mundo como meu plano era demais. Eu era o cúmulo do ridículo, toda hora perguntando à minha esposa coisas como, "Bom, eu brinquei com as crianças lá fora, o que não deixa de ser um exercício, então é Agitar; mas eu também os estava Servindo, como pai. Você acha que esses seis minutos contam como Servir ou Agitar? Será que eu devia criar uma categoria chamada SERITAR para juntar os dois?". Era nessa hora que minha mulher começava a bater a cabeça na gaveta.

Desisti do sistema SAMBA depois de um mês e imediatamente voltei a jogar tempo fora. Eu só tinha duas velocidades: desperdiçar todo o meu tempo ou tentar ser impossivelmente perfeito com ele.

O que aprendi nessa temporada foi que, quando falamos de administração de tempo, ou em quase todas as coisas que aceleram a grandeza, a mudança precisa ser simples. Especialmente uma mudança recente. Precisa ser fácil de administrar, ou fracassamos antes mesmo de começar. Podemos acrescentar outras mudanças mais para frente, mas, quando estamos começando nossa jornada, tudo o que precisamos é fazer uma coisa direito. Um gostinho de progresso. A montanha pode esperar. Está lá há anos e continuará lá amanhã. Não precisamos escalar tudo de uma vez. Não precisamos resgatar o ano inteiro no início da jornada.

Na verdade, tudo o que precisamos fazer é encontrar trinta minutos em nossa semana. Meia hora é tudo o que eu estou pedindo que você ceda no começo. Este sacrifício simples foi a maior e mais importante coisa que fiz para mudar minha carreira. Posso dizer sem sombra de dúvida que se eu não tivesse encontrado aqueles trinta minutos, nunca teria escrito quatro livros. Não teria me mudado para Nashville para meu emprego dos sonhos com Dave Ramsey. E não teria passado pela terra do Aprendizado. Trinta minutos. Isso é tudo o que você precisa resgatar e, felizmente, eu sei onde encontrar.

SEJA EGOÍSTA ÀS 5H DA MANHÃ.

Você está ocupado demais para ser incrível agora. Talvez seja um livro, ou um blog, ou um projeto no trabalho, ou um emprego novo; a vida provavelmente está cheia demais para que você trabalhe incansavelmente para si mesmo.

Você está cheio de coisas para fazer. Eu também. E, às vezes, quando nos concentramos em nossos sonhos e tentamos caminhar rumo à grandeza, nossas esposas choram na cozinha. Esta tem sido minha experiência, pelo menos.

Certa terça-feira, durante um feriado, passei quatro horas escrevendo uma ideia para um livro. As crianças estavam ocupadas com os presentes que ganharam no Natal e minha esposa estava arrumando a casa. Mais ou menos às 3h da tarde, eu ressurgi de nosso escritório em casa e conversei com minha mulher na cozinha.

Suas palavras foram curtas e diretas. Perguntei o que tinha acontecido e ela imediatamente respondeu: "Achei que fôssemos passar o dia juntos". E então começou a chorar.

Naquele momento e em muitos outros, eu não segui uma regra simples da grandeza. Fui egoísta na hora errada. Aquelas horas – no meio do dia de um feriado de Natal – não eram minhas. Quando você é um cônjuge, pai, responsável, seu tempo não pertence só a você. É, em grande parte, uma propriedade comum, dividida pela casa toda.

Mas isso não significa que você não possa ser egoísta parte do tempo. Você só precisa saber quando pode ser, e é por isso que eu menciono 5h da manhã.

Nas manhãs em que acordo e escrevo das 5h às 5h30, você ficaria surpreso com quão incomum é que minha esposa me diga que eu a estou ignorando. Você ficaria chocado com a raridade que é minha filha mais velha pedir que eu a veja pulando corda antes do sol nascer. Você ficaria embasbacado com a improbabilidade de minha caçula pedir para andar de bicicleta às 5h15.

Você pode ser egoísta às 5h da manhã. Ou 11h da noite, se seu marido ou esposa dorme cedo e ficar acordado mais meia hora não destruir seu dia seguinte. Você também pode resgatar meia hora no almoço. Da última vez que eu cheguei, ninguém precisava de uma hora inteira para comer um sanduíche de peru, mesmo que fosse orgânico e sem glúten. A questão é que você pode raspar um restinho de tempo no seu dia e pegar para si, se estiver disposto à correria.

Se você não é casado ou não tem filhos, a ideia também se aplica. Seu tempo também é compartilhado, especialmente se trabalha em tempo integral. Pode ser que seu chefe nunca chore em seus braços numa cozinha um dia depois do Natal. Isso seria esquisito. Mas se você for egoísta nas horas erradas, ele pode muito bem dizer, "Escuta, que eu saiba, nós pagamos você para trabalhar para nós. Ou estou ficando louco?".

Todos nós temos compromissos a cumprir. De um jeito ou de outro, temos companheiros com expectativas que precisamos alcançar. Também temos sonhos que precisam de atenção.

Para começar, simplesmente seja egoísta às 5h da manhã.

E se você não gosta da palavra *egoísta*, reescreva a ideia. Não vou ficar ofendido. Chame de regra da "loucura das cinco".

Usando as palavras que quiser, resgate trinta minutos para caminhar na estrada rumo à grandeza. Se você não consegue – se a ideia de colocar o despertador para tocar meia hora antes é horrível demais – talvez não esteja pronto para a grandeza.

Se seu sonho não vale trinta minutos, ou você escolheu o sonho errado, ou só está fingindo que tem um. Se o mínimo que está disposto a pagar para ser incrível é menos do que trinta minutos, é melhor voltar para a média. Ninguém acorda cedo na estrada mediana. Ninguém fica acordado até mais tarde na estrada mediana. Você pode dormir quanto quiser ou ficar vendo TV a noite toda até as televendas começarem a fazer sentido. De qualquer maneira, estará seguro na estrada mediana.

UMA RAZÃO POR QUE 5H DA MANHÃ TENDE A SER MELHOR DO QUE 11H DA NOITE

"Eu sou uma coruja!" é geralmente a desculpa que as pessoas dão quando eu as encorajo a acordar cedo e trabalhar em seus sonhos.

Acho que é uma questão justa. Acho provável que existam pessoas predispostas a ir para a cama mais tarde do que outras. Mas depois de ouvir essa resposta vindo de tantos amigos ao longo dos anos, decidi ver se minha crença na importância das manhãs podia se apoiar em pesquisas. Talvez até ciência. Aqui está o que encontrei:

A força de vontade tende a favorecer as manhãs.

Em um conhecido projeto de pesquisa de 1996 liderado por Roy Baumeister na Case Western Reserve University, os cientistas colocaram dois grupos de pessoas sentados em uma sala. Para um grupo, disseram que podiam comer os cookies de chocolate quentinhos que estavam em uma tigela à sua frente. Eles só tinham que ignorar a outra tigela, cheia de rabanetes. Para o outro grupo, disseram o contrário: comam os rabanetes, resistam aos cookies. Depois do experimento, os pesquisadores voltaram para a sala e disseram aos participantes que precisavam tabular os resultados. Eles se importariam de esperar um pouco? Enquanto esperavam, eles podiam fazer um quebra-cabeça simples. Só que não era nada simples. Na verdade, não tinha solução; os cientistas só queriam ver por quanto tempo as pessoas tentariam resolver.

Você adivinha o que aconteceu? As pessoas que tiveram que comer os rabanetes e resistir aos cookies tentaram por cerca de oito minutos antes de desistirem. As pessoas que comeram os cookies tentaram, em média, dezenove minutos. Por quê? Aparentemente, a força de vontade é finita. Temos um estoque limitado dela. As pessoas que comeram os rabanetes e lutaram contra o desejo de comer os cookies estavam com a sua esgotada. Seus estoques estavam esgotados. Não queriam fazer o quebra-cabeça. As pessoas que comeram os cookies? Estavam com o tanque cheio. Estavam dispostas a tentar mais que o dobro. Em seu livro *O poder do hábito*, Charles Duhigg descreve como este estudo ajuda a lançar luz sobre coisas como executivos tendo casos à noite.

Depois de um dia estressante, tomando decisões difíceis, lutando e liderando, os executivos estão com o tanque vazio. Esta sugestão dos pesquisadores não é, de maneira alguma, uma justificativa para o mau comportamento, mas nos dá um melhor entendimento de como somos construídos.

Você já teve uma tarefa ou atividade que, se não fizesse de manhã, não faria quando chegasse em casa do trabalho? Se perdesse seu cooper às 6h da manhã, depois de um dia no escritório e uma longa viagem de volta para casa, havia pouca chance de que ele fosse acontecer às 6h da tarde, mesmo se você fosse solteiro e vivendo sozinho. Você pode ter achado que era preguiçoso, mas e se simplesmente tivesse gasto sua força de vontade daquele dia?

No livro *Não trabalhe muito, trabalhe certo!*, Tony Schwartz explica melhor a análise de Roy Baumeister do teste do cookie *versus* rabanete:

> Em resumo, cada um de nós tem uma reserva de força de vontade e disciplina, que é esgotada por qualquer ato consciente de autorre-gulação – seja resistindo a um cookie, resolvendo um quebra-cabeça ou fazendo qualquer coisa que precise de esforço. "A implicação", Baumeister escreve, "é que muitas formas bem diferentes de autocontrole provêm de uma mesma fonte comum, ou força de autocontrole, que é bem limitada e, portanto, pode acabar rapidamente."

Não comece a levantar cedo em sua estrada para a grandeza só porque funcionou para mim.

Levante cedo porque você quer a melhor chance de sucesso.

Levante cedo porque você quer acesso à sua força de vontade.

Levante cedo porque você quer que a maneira com que seu cérebro e sua fisiologia funcionam seja sua amiga, não sua inimiga.

O SEGREDO DE CINCO PASSOS PARA CONSEGUIR FAZER TUDO

Você conseguiu resgatar trinta minutos. Entrou em uma dieta de televisão. Começou a se mexer. Está arrumando tempo para todas as coisas que quer aprender agora. E a verdade é que você vai ficar bem ocupado.

Todos nós vamos.

Há centenas de coisas que eu preciso riscar todos os dias de minha lista de tarefas. Responder e-mails. Ir a reuniões. Retornar telefonemas. Escrever mensagens. Pegar as crianças na ginástica e na aula de artes. Terminar projetos de trabalho. Começar projetos domésticos.

Percebi um dia que minha lista estava ficando mais longa e meus dias pareciam estar encurtando. Estava com problemas para conseguir terminar tudo.

Para sobreviver, criei um segredo de cinco passos para conseguir fazer tudo. Se você também está ocupado, sinta-se à vontade para usá-lo:

1. Admita que não é possível conseguir fazer tudo.
2. Dê a si mesmo um crédito para aceitar isso como realidade, não como fracasso.
3. Dedique toda sua atenção para as coisas que consegue fazer.
4. Comemore o que acontece no Passo 3 em vez de ficar obcecado pelo que não consegue fazer.
5. Repita sempre que necessário.

É isso. Pensei em transformar esta lista em um *app*, mas o que ia acontecer é que checar o *app* seria uma coisa a mais para você fazer todo dia. Em vez disso, simplesmente arranque esta página. Ponha a lista na geladeira ou onde quiser, e comece pelo Passo 1. Se você conseguir cumpri-lo, está com 99% do caminho trilhado e terá um controle muito maior sobre ser mais incrível mais vezes.

O ACIDENTE DE AVIÃO

Logo depois da floresta de vozes, onde o medo gritou pela primeira vez na estrada para a grandeza, você vai se deparar com um acidente de avião. E enquanto a maior parte de nós segue caminhando apenas com aquela curiosidade constrangida que sentimos quando passamos por uma batida de carro na rodovia, vamos precisar parar um pouco e dar uma olhada se pretendemos atingir a grandeza. E já que acabamos de resgatar trinta minutos, temos tempo.

Dei uma olhada melhor há alguns anos e, para ser honesto, eu sempre quis estar em um acidente de avião. Não em um daqueles chocantes que acontecem em montanhas onde você precisa comer carne humana para sobreviver. Isso é nojento. Eu só queria que uma parte do teto caísse, que algumas bagagens de mão que já eram grandes demais para estar no avião voassem pelos buracos e então que o avião aterrissasse em segurança, e eu pudesse desembarcar usando o escorregador mais exclusivo do mundo.

Eu salvaria algumas pessoas de algum tipo de explosão, pularia naquela maravilha de escorregador inflável e então zanzaria por campos de milho ou em alguma parte sem tubarões do mar caribenho por algumas horas. Depois daria entrevistas, talvez seria convidado do Letterman[1] e escreveria um livro.

E o melhor de tudo é que eu teria algo que as experiências de quase-morte sempre parecem trazer: uma razão para viver.

Ninguém sobrevive a um desastre aéreo e diz: "Isso realmente me fez querer assistir a mais televisão. Quando sua vida passa diante de seus olhos, você começa a perceber que não tem valorizado os programas de culinária como deveria".

Não, eles dizem coisas como: "Minha vida nunca mais será a mesma. Meus abraços agora são mais demorados, eu cheiro mais flores e sinto o

---

1 *Late Show with David Letterman, talk show* norte-americano apresentado por David Letterman, um famoso comediante dos Estados Unidos, e veiculado pela CBS desde 1993. (N.E.)

gosto de alcaparras de maneiras que vocês, que nunca viram a morte de perto, nunca vão entender".

E então, em minha jornada para encontrar um significado, achei que este seria um ótimo atalho.

O problema é que não é fácil estar em um desastre de avião. Estatisticamente falando, é quase impossível. Então decidi fingir minha própria morte.

Tudo o que fiz foi construir um pequeno avião em minha mente e então derrubá-lo com a seguinte pergunta: "Se eu morresse hoje, o que me arrependeria de não ter mais a oportunidade de fazer?".

Você pode imaginar que é preciso mais do que isso, mas aviões de mentira são surpreendentemente fáceis de destruir.

Pensei na pergunta por alguns minutos e então escrevi o seguinte em meu caderno universitário pautado (pautas largas são para gente preguiçosa).

Se eu morresse hoje,
Não poderia escrever um livro.
Não poderia amar minha esposa.
Não poderia brincar com minhas filhas.

A ordem dessa lista prova a você que estou sendo honesto. Coloquei "escrever um livro" acima de "amar minha esposa" e "brincar com minhas filhas". Dei medalha de bronze para minhas próprias crianças. Que babaca. E, como cristão, eu deveria pelo menos ter dado uma ponta para Deus na lista. No mínimo, deveria ter colocado, "4. Não poderia adorar a Deus". Mas, em minha defesa, se eu estou morto, então estou no céu com Deus, o que pode ser que limpe minha barra nessa.

Independentemente da completa falta de nobreza em minha lista, eu fiz uma. Olhei para ela por um minuto e pensei: *Isso não me ajudou em nada. Aposto que as alcaparras terão o mesmo gosto esta tarde, e amanhã eu não vou notar como o orvalho fresco brilha nos arbustos de lilases.*

Então me fiz outra pergunta: "São essas as coisas com que gasto meu tempo hoje?".

Soco no estômago.

De repente, o que era uma lista divertida de sonhos para o futuro começou a me assombrar. Se aquelas eram as três coisas que mais me importavam, porque não usava mais tempo indo atrás delas? O que eu estava esperando? Se eram tão importantes, por que eu não estava fazendo nenhuma delas?

Naquele dia, decidi mudar minha vida. Escrevi um livro. Levei minha esposa para jantar à luz de velas em um restaurante que coloca os preços em letra cursiva no menu. E construí uma casa na árvore com minhas crianças, com uma porta levadiça e um balanço de pneu. A coisa toda levou umas quatro horas.

Não foi assim. Gostaria de dar um foco para a minha história e contar a você que aquelas duas perguntas se tornaram minha motivação e, a partir daquele momento, minha vida toda mudou. Não mudou. A terra do Aprendizado não tem botes de fuga para a do Domínio.

Em vez disso, senti como se tivesse recebido um convite para ser mais incrível mais vezes. Não ia esperar pelo ataque de um câncer ou um desastre aéreo de verdade para me ensinar que a vida é fugaz. Não precisava ver minha vida diante dos meus olhos agora para saber que isso aconteceria um dia.

Tinha recebido um cartão postal da grandeza, e havia duas perguntas nele:

1. Se eu morresse hoje, o que eu me arrependeria de não ter mais a oportunidade de fazer? 2. São essas as coisas em que gasto meu tempo hoje?

E a escolha para responder a essas perguntas era minha. Podia ignorá-las, acordar aos 75 anos e me arrepender da vida, de repente percebendo que ela estava acabando. Ou eu podia lidar com essas questões e admitir algumas coisas:

Eu tinha medo de escrever um livro. Falar a respeito era mais fácil e mais seguro do que tentar e possivelmente descobrir que eu não era capaz. Eu agarrava a apatia com força, como um escudo, fingindo por anos que eu não ligava para escrever ou não um livro.

Também era preguiçoso. Estava contente em ser um pai e marido mediano. Não eram coisas legais de admitir sobre mim mesmo, mas trouxeram uma boa quantidade de clareza. Se eu não mudasse alguma coisa, os anos iam se empilhar um sobre o outro até que não sobrasse nenhum. É isso que acontece com a maioria das pessoas no fim de suas vidas, e o que Bronnie Ware descobriu em seus pacientes.

Ela é uma enfermeira, na Austrália, que passou anos cuidando de pessoas em suas últimas semanas de vida e escreveu um livro chamado *Antes de partir,* no qual fala sobre os cinco maiores arrependimentos no leito de morte.

O número um? "Queria ter tido a coragem de viver uma vida verdadeira, de acordo comigo mesmo, não a vida que os outros esperavam que eu vivesse."

"Este é o arrependimento mais comum de todos", explica Ware. "Quando as pessoas percebem que suas vidas estão quase acabando e olham para trás com clareza, é fácil ver quantos sonhos passaram sem serem realizados. A maioria das pessoas não honrou nem metade deles e teve que morrer sabendo que foi graças às escolhas que fizeram ou deixaram de fazer. A saúde traz uma liberdade que bem poucos percebem, até que perdem."

Para a pessoa média, a realidade da morte é a única coisa mais poderosa do que o medo de viver a vida que realmente deseja. Mas este não é um livro sobre ser mediano. É um livro sobre a grandeza.

Não sei bem como você responderia às perguntas anteriores, mas sei que se você vai ser mais incrível mais vezes, precisa respondê-las. E, de preferência, bem antes de precisar de uma enfermeira como Bronnie Ware.

Embarque em seu próprio avião e o derrube hoje. Há bastante espaço na terra do Aprendizado para mais destroços fumegantes.

A TRILHA DE MIGALHAS

Você conseguiu uma resposta perfeita para a pergunta do acidente de avião? A minha só levou quinze minutos. Depois eu tomei uma vitamina. Foi uma tarde deliciosa, na verdade. Deve haver algo de errado com você.

É isso que pensamos quando começamos a aprender maneiras de sermos mais incríveis mais vezes. Achamos que deve ser um trabalho fácil e, quando não é, queremos desistir. A verdade é que aprender mais sobre si mesmo raramente é algo fácil.

Esse caminho pode parecer novo no começo. Cruzar a terra do Aprendizado pode parecer uma viagem de donzela. Mas o curioso é que você tem escondido pistas por essa estrada desde sempre.

As pistas são sobre o que você amava fazer. Nem tudo chegou até tão longe em sua vida, mas, mais do que você imagina, continua espalhado pela terra do Aprendizado. As pistas são a trilha de migalhas que levam à sua definição de grandeza.

Se você se recuperou do trauma de mentira e do desapontamento de verdade por não usar o escorregador de emergência do avião, é hora de procurar algumas pistas. Especialmente porque elas podem vir dos mais estranhos lugares, como aprendi com minha sogra.

Quando meu blog deslanchou e eu enfim comecei a me debruçar sobre meu sonho, as pessoas perguntavam a ela: "Como ele faz tudo isso?".

Sua resposta era perfeita: "Esta é a pergunta errada. A pergunta real é, 'Como ele *não* fez isso antes?'".

Onde estavam as milhares de palavras que agora iam para as mídias sociais e livros antes de eu começar a trabalhar no meu sonho?

Elas não eram novas. Não me tornei uma pessoa completamente diferente aos trinta. Sempre tive aquelas ideias dentro de mim e agora que elas tinham um lar, minha sogra se perguntava, onde elas viviam antes?

A resposta é: em Post-it. E nos versos de envelopes, e em pedaços de papel.

Eu escrevia tuítes dez anos antes de o Twitter ser lançado. Rabiscava pensamentos curtos como, "Queria conhecer mais ricos infelizes", e deixava no balcão da cozinha. Uma semana depois minha esposa jogava fora porque parecia uma pilha de lixo. Então eu dizia a ela que ela tinha jogado no lixo o grande romance americano. Era um ciclo bem divertido.

Eu não sabia na época, mas meu desejo de dividir ideias, escrever livros e ajudar pessoas vinha tentando romper a superfície da minha rotina há anos. Vinha mandando avisos do fundo do meu coração, tentando chamar minha atenção há décadas.

Mas eu não vi. E não quero que o mesmo aconteça com você.

Se você teve dificuldades para responder à pergunta do desastre de avião, vamos abordar a questão da grandeza por um ângulo um pouco diferente.

Em vez de perguntar, "O que eu adoraria começar a fazer?" vamos perguntar, "O que eu não posso parar de fazer?".

Para qual coisa você está sempre retornando em sua vida? Para mim, era escrever ideias. Por mais que tentasse, não conseguia parar de deixar anotações pela casa, de escrever longos emails para amigos com ideias espalhadas neles ou de dominar jantares acuando amigos com meus pensamentos. Era uma compulsão.

Qual é a coisa que você não pode parar de fazer? É provável que haja alguma paixão ou sonho ou atividade que tenha sobrevivido aos anos. Você não a respeita; nós nunca respeitamos. Meu amigo Chris, que tem trinta e tantos anos, me disse uma noite: "Eu simplesmente não sei quais são as minhas paixões". Isso seria preocupante se ele não tivesse acabado de me mostrar o vagão de trem antigo que ele passara meses reconstruindo e restaurando à mão. O que era um pedaço esquecido de madeira e metal em um monte de lixo havia sido amorosa e cuidadosamente trabalhado até se tornar um peça central e objeto de conversas em sua sala de estar. Mas ele não tinha certeza sobre quais eram suas paixões. Somos péssimos em enxergar o potencial de nossos próprios sonhos.

Eles estão lá. Escondidos nas sombras de nosso dia a dia, esperando para que a gente admita que eles têm importância. Esperando para que a gente veja que uma pilha de anotações pode ser um livro, ou que o amor contínuo do voluntariado em um abrigo de animais poderia ser um negócio, ou que a compulsão de ir a três shows seguidos do Mumford & Sons[2] pode ser o começo de algo maior.

O que você não pode parar de fazer?

---

2   Banda inglesa de folk rock formada em 2007. (N.E.)

SEJA UM ESTUDANTE DE SI MESMO

Uma tarde, almocei em uma pizzaria com um pastor. Ele queria escrever um livro e não sabia por onde começar. Perguntou: "Devo tirar três meses de licença para escrever? Entrar em um período sabático, arrumar um chalé em algum lugar e me enfurnar até acabar? Ou devo pegar o caminho oposto? Escrever uma página por dia até que no fim de um ano eu tenha trezentas páginas prontas?".

Ele continuou a matraquear opções baseadas em uma série de livros sobre como escrever.

Até que eu perguntei: "Quantos anos você tem?". "Quarenta e dois," ele respondeu. "Então você tem quarenta e dois anos de pesquisa. Quarenta e dois anos de evidências que indicam a melhor maneira como você conquista as coisas. Precisa ser um estudante de si mesmo. O que você faz melhor?", perguntei.

"Bom, eu adoro compartilhar histórias em meus sermões. Sou um contador de histórias. É a coisa que mais gosto de fazer e, pelos últimos doze anos, é o que tenho feito todos os domingos de manhã quando prego."

"Então transcreva seus sermões. Você pode provavelmente contratar alguém para fazer isso por três dólares a hora. E já vai ter um ótimo começo para o livro."

Ele ficou boquiaberto com minha esperteza. Ou, talvez, com a obviedade da solução. Ninguém jamais pensa que um elemento de sua vida ou carreira pode alimentar outro. Achamos que precisamos começar sempre do zero. Mas não precisamos.

Você precisa ser um estudante de si mesmo. Não ande pela estrada da grandeza como se nunca tivesse tido grandeza antes. Já teve. Já foi bom em algo. Algo veio naturalmente. Algo deu certo. Como você pode aplicar aquilo agora?

Se você foi capaz de aderir a uma dieta por seis meses, como você fez? O que nessa experiência coincide com sua nova estrada para a grandeza? Se você já foi bem-sucedido no trabalho, mesmo que não ame seu emprego, quais são as coisas que pode aprender com ele? Quais habilidades brilharam?

Nós normalmente não dedicamos tempo para nos estudarmos. Como resultado, aprendemos as mesmas coisas repetidamente. Ou pior: descontamos tudo que aprendemos em troca da técnica mais recente mostrada em um livro.

Essa é uma das maiores presunções de muitos livros de negócios e autoajuda. Eles tendem a ter uma abordagem do tipo tamanho único. Muitas vezes, há um capítulo específico ou seção sobre o estabelecimento de objetivos que envolve uma lista incrivelmente complicada e detalhada que envolve um sistema de checagem e balanço maior do que o do Tesouro Nacional. Claro que esta abordagem funcionou para a autora, que é uma pessoa incrivelmente detalhista e organizada. Mas talvez seja a pior abordagem possível para você. Talvez você seja um pintor, não um matemático. Mas como o livro diz, "Para estabelecer objetivos, deve fazer desta forma", você tenta. Tudo que existe a respeito dos seus últimos trinta anos no planeta indica que você não vai se dar bem com uma lista complicada de tarefas, mas o livro diz que é o único jeito.

Você tenta por um dia, uma semana ou um mês, e não funciona. Você então deduz que é péssimo para estabelecer objetivos, e desiste.

Mas talvez você seja um pássaro lendo um livro sobre como ser um peixe. Você pode se disciplinar o quanto quiser, arranjar toda a força de vontade disponível, mas não vai fazer diferença. Você tem asas, não nadadeiras.

A solução para este problema é dividir os princípios que são verdadeiros para todos e as aplicações que são flexíveis. Enquanto continuamos a marchar pela estrada da grandeza, é o que vamos fazer. Os cinco estágios, por exemplo, são verdadeiros para todos. A estrada para a grandeza sempre passará por eles.

No entanto, o método que você usa para viajar de um destino para o próximo será determinado por sua própria experiência – do que você é feito, o que deseja e o que fez até agora.

Meça cada ação que discutimos contra o que você sabe ser verdade a seu respeito. Seja um estudante de si e escolha seus próprios meios de viajar por estas páginas. Eu posso apenas descrever a existência deles e oferecer sugestões de como atravessá-los que funcionaram para mim e para outros viajantes que conheci pelo caminho. A ideia não é copiar exatamente o que eu fiz.

A ideia é que pegue os princípios, personalize com o que sabe de si e siga em frente pelos estágios.

Faça isso e poderá ter progresso. Continue a fazer isso e vai alcançar sua versão da grandeza muitas vezes em sua vida.

Em meu primeiro Natal casado, eu decidi construir móveis para a minha mulher.

Nunca tinha aprendido marcenaria. Ninguém nunca tinha me ensinado a fazer móveis.

Nada nos meus preciosos 24 anos no planeta indicaria que eu seria bom construindo algo com minhas próprias mãos. Mas eu estava na terra do Aprendizado e, quando você está lá, tenta coisas novas. Assume novos riscos. Explora novas paixões.

Imbuído de coragem, encontrei um criado-mudo em um catálogo de uma loja chique de móveis. Arranquei a página e fui ao nosso Faça Você Mesmo local. Comprei uma serra tico-tico, porque parecia legal, um arco de serra, uma imensa caixa de pregos e alguns pedaços de madeira.

Percebendo que não era o suficiente para um primeiro presente de Natal, também comprei um kit de entalhar. Nosso convite de casamento tinha a silhueta de uma planta estampada nele, e meu plano era entalhar o mesmo desenho na porta do criado-mudo que eu faria com tanto amor.

De ferramentas em punho, fui para o escuro porão de nossa casa dos anos 1920, alugada, em Arlington, Massachusetts.

Trabalhei por dias, empolgado por mostrar à minha esposa o quanto eu a amava. Embriagado pela descoberta desta nova paixão. Tão ansioso de que nossos netos um dia dissessem, "Vovô-Incrível-Jon, conte a história do criado-mudo de novo. Conte!".

Enfim, após muitas noites de suor e serragem, pedi a minha mulher que descesse ao porão. Não conseguia esperar até o Natal. A empolgação era demais! Ela desceu, e eu a levei pela mão.

Com o floreio de mão de um mágico que insiste em ser chamado de ilusionista, revelei o que construí e enfim aprendi: "Sou péssimo em marcenaria".

Ali, ao lado de nossa máquina de lavar, estava a caixa mais feia do mundo. Pesava cerca de sete quilos e tinha mais ou menos 37 pregos tortos aparecendo de todos os ângulos.

Não parecia um criado mudo de loja chique.

Nós rimos por alguns minutos. Pode ser que eu tenha chorado. Então meu pai me colocou em contato com um amigo mais velho que fazia móveis. Ele concordou em construir o criado-mudo se eu fosse seu assistente e desse a madeira. Então, uma noite no começo de Dezembro, empacotei toda a madeira que tinha comprado e fui para sua oficina.

Depois que eu descarreguei tudo, ele deu uma olhada de três segundos e falou: "Você ia fazer um bumerangue? Esta é a madeira mais torta que eu já vi na vida. Não acredito que tiveram a coragem de te vender isso. Ponha de volta no carro; vamos usar outra coisa".

Tentei ajudar segurando tábuas ou entregando ferramentas. Mas depois de quinze minutos ele parou, desligou a máquina que estava usando e me convidou a voltar para casa.

Aparentemente, eu não era qualificado nem mesmo para segurar madeira. Fui dispensado por aquele senhor porque minha simples presença estava tornando as coisas difíceis. Ele foi bem gentil, na verdade. Ele disse: "Vá para casa. Farei para você e ligo quando estiver pronto".

Até hoje está em nossa sala, uma prova sempre presente não do fracasso, mas da terra do Aprendizado.

A maneira com que você passa pela terra do Aprendizado é tentando várias coisas. O medo adoraria que você tentasse uma só, perdesse a coragem e voltasse logo para a média.

Mas você não vai. Você precisa comprar uma serra tico-tico, umas tábuas tortas, um monte de pregos e entrar na oficina. Você precisa mexer e construir e quebrar e colocar de volta. Pode não ficar incrível de primeira. Talvez marcenaria não seja sua área de grandeza. Não era a minha. Também não era pintura. Mas eu não sabia disso até tentar. E aprender.

Seu caminho pelo Aprendizado pode estar entulhado de serragem e pedaços de madeira torta com pregos tortos enfiados. E isso é esperado. Dê a si mesmo a liberdade de fazer uns móveis feios.

É disso que se faz o aprendizado. A primeira vez que vi, foi com meu pai.

Ele é um aventureiro. Na década de1980, fundou em Massachusetts, norte dos EUA, uma igreja Batista do Sul, algo de que nunca se ouvira falar na época.

Ele tinha três filhos, uma jovem esposa e um bigode bem decente. Mas, fora isso, não tinha muito mais coisas quando mudou nossa família para Massachusetts. Depois do seminário e de trabalhar em uma igreja, ele decidiu começar uma igreja Batista da Graça na Carolina do Sul.

Décadas depois, quando falei com ele sobre a experiência, ele riu comigo e contou como sempre encarou a hora de fazer coisas novas. Muitas vezes, quando você começa uma nova aventura, como as dúzias que explora na terra do Aprendizado, as pessoas perguntam: "Você já fez isto antes?". Os detalhes do que é "isto" não importam. Pode ser começar um negócio, ir para a faculdade ou viajar pelo mundo. E aqui está como meu pai (e agora eu) responde quando a vida faz esta pergunta: "Você já fez isto antes?".

"Não, mas estou prestes a fazer." Você já esteve em rede nacional na TV? Não, mas estou prestes. Você já escreveu um livro de poemas? Não, mas estou prestes. Você já atravessou o país de bicicleta por uma causa beneficente? Não, mas estou prestes. Você diz essa frase simples, e então você faz. É isso. É tudo o que é preciso para vencer aquele monstro chamado "minha primeira vez". Faça uma vez, depois duas, e então três, e logo quatro, até que, antes que se dê conta, esteja fora da terra do Aprendizado. Toda jornada tem seu primeiro passo. Todo sonho tem um primeiro destino. A terra do Aprendizado é sua. E agora é hora de seguir em frente rumo ao próximo destino.

A ÚLTIMA PARADA NA TERRA DO APRENDIZADO

Tenho quase certeza de que não há um capítulo em *O que esperar quando você está esperando*[3] que diga o que fazer quando seu bebê de um ano come uma bituca de cigarro.

Foi o que aconteceu com meus amigos uma noite em que esperavam sua mesa em um restaurante mexicano. Sophie, sua filhinha super-rápida, estava engatinhando na porta do restaurante e agiu antes que alguém pudesse impedi-la. Pelas 24 horas seguintes, o adorável hálito de bebê dela cheirava a cigarro. Eu não os culpo; criar bebês é difícil.

Pelos três primeiros anos dos filhos, você não está propriamente criando. Está protegendo. Seu trabalho é basicamente evitar que eles se machuquem com mesas e armários e privadas e cachorros e facas e tudo que estiver ao seu surpreendentemente amplo alcance. Razão pela qual nunca entendi bebês de brinco. Por que eu prenderia um objeto pequeno, brilhante, afiado, e de um tamanho que cabe na garganta, à cabeça de minha criança? Tenho trancas de gaveta que fazem o ato de pegar um garfo parecer um truque de mágico. Por que eu garantiria que meu bebê estivesse sempre com pequenas armas a centímetros de sua boca? Por que não pendurar logo um escorpião na chupeta, só pra ver o que acontece?

A única coisa que faz menos sentido do que brincos em bebês, para mim, são bicos de Bunsen com alunos da sétima série. "Tenho uma ideia! Vamos dar aos humanos mais destrambelhados, emocionalmente desregulados e intoxicados por hormônios do planeta acesso a uma chama e fonte infinita de gás. Esses caras estão tentando se mostrar para as meninas; as meninas estão distraídas pensando se os caras as estão notando; todos desenvolveram pernas e braços compridos que ainda não sabem usar. Existe época melhor na vida para apresentá-los à maravilha que é o bico de Bunsen? O que pode dar errado?".

Mas é o que acontece. No sétimo ano, você passa da fase de construir maquetes do sistema solar com cabides retorcidos a de ter acesso à fonte de calor solar no laboratório de ciências.

---

3   Guia *best-seller* para gestantes, de Heidi Murkoff e Sandee Hathaway, publicado originalmente em 1984, nos EUA. (N.E.)

O que, no caso, é também sua última parada na terra do Aprendizado.

É o ultimo prédio na estrada. Em um cabide pendurado na porta está um jaleco e um par de óculos de proteção.

Quando você os vestir e descer pelo corredor, vai descobrir que está em um simples laboratório. Há frascos e líquidos coloridos, tubos e jarras. Se você perdeu seu caderno no sétimo ano e quase foi reprovado porque a sra. Murtaugh não estava para brincadeira com os prazos de entrega dos trabalhos, hipoteticamente, você pode ficar meio nervoso.

Mas não fique. Só há uma coisa que você precisa fazer neste laboratório.

Experimentar.

É isso. Essa é a ação que você precisa adotar na terra do Aprendizado. Porque cientistas não falham; eles experimentam. Eles queimam coisas. Eles cutucam. Eles quebram. Eles misturam. E quando uma experiência não vai bem, eles não chamam de fracasso. Eles dizem: "Olhe o que aprendemos. Achamos que seria de um jeito e foi o contrário! O que podemos levar disso para ajudar em nosso próximo experimento?". É por isso que James Dyson teve 5.126 protótipos antes de terminar seu revolucionário aspirador de pó. É por isso que o altamente popular aplicativo Angry Birds foi a quinquagésima segunda tentativa da Rovio com um jogo. É por isso que o WD-40 teve 39 outras fórmulas antes. Todo mundo que tem sucesso aprendeu experimentando.

Não importa o que o medo e a dúvida dizem a você, sua identidade não está em risco com as decisões e ações que toma enquanto aprende. Você é um filho ou filha. Você é pai ou mãe. Marido ou esposa. O bico de Bunsen não vai mudar isso. É o que você era antes de entrar no prédio. É o que vai ser quando sair. Só que mais incrível.

Pode ir se aquecendo. É hora de explodir algumas coisas e ver o que os restos podem ensinar sobre você e seus sonhos mais sinceros.

5

FOCO

Como você vai saber se chegou à terra do Foco?

Não vai.

Vamos em frente.

Espere, isso não está certo.

Queremos passos. Queremos uma lista com catorze itens para ticar e sabermos que estamos perfeitamente preparados para a próxima fase.

Mas vocês não vão ter. Nem eu. O mapa não funciona assim. Nem a vida.

É o mesmo que perguntar: "Quando você se torna um homem?". Eu espero, do fundo do coração, que não seja quando se aprende a fazer móveis com as próprias mãos. No filme *Amanhecer violento*, foi quando Thomas C. Howell atirou em um veado e bebeu seu sangue. Ou no remake, quando Zac Efron matou um unicórnio e roubou sua cauda (ainda não vi o remake, mas presumo que seja assim).

O problema de tentar criar fronteiras precisas é que há justaposição demais entre os estágios. Eles vazam uns nos outros mais como um arco-íris de verdade e menos como a cartela de cores da loja de tintas.

Justamente quando você acha que saiu de uma fase, se pega pisando de volta na anterior, e vice-versa. Por exemplo, espero que mesmo quando você estiver na terra da Orientação, não pare de aprender sobre sua área da grandeza. Espero que, se você tiver a chance de ajudar alguém enquanto estiver na terra do Aprendizado, não diga, "Adoraria dar uma mãozinha, mas ainda não cheguei à Orientação, entããããããão...".

O jeito mais fácil de dizer se você está na terra do Foco e não mais na do Aprendizado é com uma metáfora matemática.

Aprendizado é sobre somar. Foco é sobre subtrair.

Na terra do Foco, você vai pegar as 15 ou 1.500 coisas que aprendeu e ver quais servem para você. Quais paixões, sonhos, esperanças e vocações você vai carregar mais profundamente com você nesta jornada? Quais vai deixar no lado da estrada para que outro pegue? Não estão quebradas nem estragadas; simplesmente não servem para você. São parte da definição única da grandeza de outra pessoa.

Foco é a fase de sua viagem em que Michelangelo para na frente do bloco de mármore que foi meticulosamente escolhido. De uma pedreira inteira, este foi o selecionado. E agora, com um cinzel e um martelo, ele vai tirar as partes que não pertencem ao Davi que enfim será revelado.

HORA DA NEBLINA

Meu amigo Tim, de Atlanta, costuma perder as reuniões na hora do café da manhã.

Não é sua intenção. Na verdade, ele é uma das pessoas mais gentis e atenciosas que já conheci. Ele envia bilhetes de agradecimento escritos à mão depois de jantar em nossa casa, o tipo de bilhetes que minha esposa segura e diz: "Está vendo? Está vendo? Isso é que é ser cavalheiro".

Mas ele tem dificuldade para chegar ao café da manhã, na hora ou não.

Um dia foi porque a bateria do iPhone tinha acabado e ele não despertou.

Outro foi porque o iPhone estava em outro cômodo e ele não ouviu.

E em outro dia ainda foi porque ele tinha deixado o volume tão baixo que não conseguiu escutar.

E mais outro dia ainda foi porque... bom, você entendeu.

A solução para este dilema não é muito difícil. Não é complexa. Não é preciso uma reunião de *brainstorm* para criar possíveis saídas.

A solução é um despertador de dez dólares.

Não dá para ser mais simples. Automaticamente resolve todos os problemas que ele teve com seu iPhone. Então por que Tim não resolveu o problema da primeira vez que seu plano de despertar com o iPhone deu errado?

Porque nós amamos problemas complicados e somos aterrorizados por soluções simples.

Nós temos a tendência de ver complicação em nossos desafios porque, se o problema é fácil de ser resolvido, então temos de mudar. E mudar é assustador. Então quando enfrentamos um desafio que não queremos resolver de verdade, tendemos a complicar demais as coisas. Culpamos nossos iPhones por não nos acordarem. O que fazíamos antes de termos celulares com alarmes?

Essa é a grande tentação na fase de Foco. Quando estamos nela, ficamos um pouco nervosos e criamos essa cortina de fumaça. Em vez de começarmos a focar nossa vida, por exemplo, a começar a tomar decisões, nós encobrimos o caminho e fazemos de conta que há muita complexidade envolvida. Como podemos esperar fazer qualquer progresso nessa neblina? Seria perigoso sair numa noite como essa. Talvez essa coisa incrível tenha sido um erro e devêssemos voltar ao caminho familiar da mediocridade.

E então nós recuamos de volta para o que conhecemos, onde há um conforto sufocante. Abrir mão das coisas não é fácil. Os acumuladores que vemos na TV, com seus gatos e jornais, não são páreo para nós, acumuladores de emoções. Pelo menos as coisas que eles se recusam a jogar fora criam montes físicos em frente a seus olhos, que fedem e não podem ser ignorados.

Por outro lado, os sonhos que você sempre teve mas nunca foi atrás formam pilhas escondidas que você não tem de encarar, a não ser que se force a isso. As esperanças que você se recusa a focar e aprender a dominar não apodrecem tão visivelmente – pelo menos no começo. Você pode passar batido por décadas sem que um membro da família saiba, mas então um dia você esbarra comigo em um voo para Baltimore, como a mulher sobre quem falamos no primeiro capítulo.

Na noite em que nos encontramos, ela estava essencialmente me perguntando a mesma coisa que me perguntei quando estava no jardim de infância no Vietnã. *Como cheguei aqui?* Como cheguei aos 72 anos com tão poucos dos meus sonhos realizados?

Como cheguei aqui?

Você vai dizer essas três palavras em sua vida. Todos vão. No meio de um relacionamento ruim ou em uma carreira que você sente que está roubando anos de sua vida, você vai dizer: "Como cheguei aqui?".

Na primeira vez que você der uma entrevista à mídia local sobre seu bem-sucedido negócio, ou quando alguém pedir para você autografar o livro que escreveu, você vai dizer: "Como cheguei aqui?!".

E a única diferença vai ser a entonação.

Se você escolheu ser incrível, vai querer usar muito mais pontos de exclamação e muito menos pontos de interrogação. Não é uma questão de quando você vai dizer essas três palavras. A questão é como você vai dizer essas três palavras.

Você vai fazer uma declaração como um blogueiro surpreso nas montanhas do Vietnã?

Você vai fazer uma pergunta como uma aposentada que passa voando sobre Baltimore e sobre décadas de vida?

Não posso encontrar a mulher com quem me sentei lado a lado naquele voo. A internet ainda tem suas limitações, mas, se pudesse, agora sei como responderia àquela questão. Eu diria a ela a mesma coisa que digo a você.

Comece hoje, independentemente de sua idade. Desligue a máquina de fumaça. Trabalhar nos sonhos sobre os quais você aprendeu na parada anterior não é complicado. Se aprofundar no território do Foco não é tão complicado quanto o medo e a dúvida estão tentando te mostrar. Na verdade, tudo começa com uma pergunta.

A MAIOR PERGUNTA QUE VOCÊ PODE FAZER

Uma manhã alguns donos de padarias me pediram para ajudá-los a encontrar seu caminho para a grandeza.

Eles não usavam aqueles grandes chapéus de padeiros e não tinham nenhum pão caseiro com eles, o que foi decepcionante, mas superei isso. Pararam-me no saguão de um hotel em um evento de negócios. Eram casados e me contaram sua história:

"Estamos cansados do Texas. Queremos estações do ano novamente. E montanhas e árvores. Temos uma pequena padaria na cidade, que as pessoas adoram. Fazemos pães diferentes e sanduíches. Estamos crescendo e começamos a criar uma clientela local. Mas agora queremos nos mudar para Idaho. E não sabemos o que devemos fazer quando chegarmos lá. Devemos abrir outra padaria? Devemos focar em atacado? Devemos focar em serviço de bufê? Devemos abrir um restaurante pequeno?

Enquanto conversávamos, ficou claro que eles tinham encontrado uma longa lista de perguntas enquanto se aventuravam pelo território do Foco:

O que nos daria mais dinheiro?

Do que a cidade de Idaho precisa?

Que tipo de negócio eles poderiam fazer crescer mais rapidamente?

Que tipo de negócio teria o menor custo?

Qual ideia precisaria da menor quantidade de equipamento?

Eles tinham passado por uma longa lista de questões, mas não fizeram a pergunta mais importante que há no mundo do Foco. Então, lá no saguão, eu lhes fiz a pergunta. "Bom, e o que daria mais felicidade a vocês?".

Parecia que eu tinha jogado um gato neles. Durante semanas, eles debateram se deveriam se mudar para Idaho. Trabalharam duro no processo de mudança. Analisaram e conversaram. Estavam participando de um evento de negócios exclusivo para empreendedores de alto nível quando eu os conheci. Analisaram o problema de todos os ângulos possíveis, menos um: felicidade.

A maioria de nós nunca chega lá. Nunca fazemos a pergunta: "O que me deixa feliz?".

Acho que alguns de nós sentem certa culpa quando falamos essa palavra em voz alta. Como se esse fosse um pensamento egoísta. O que me deixa feliz? Como se a felicidade fosse aceitável apenas em momentos raros, no fim de semana, ou como a visão de um pôr do sol surpresa nas férias, mas sem espaço no mundo real. Seria egoísmo pensar que poderíamos ser mais felizes. (A verdade é que mudanças reais na vida e a alegria de ser quem você foi feito para ser sempre resultam em abnegação, e não em egoísmo.)

Alguns de meus amigos cristãos rejeitariam essa ideia por uma questão de princípio. Nós somos tão soterrados com a doutrina da prosperidade, ou "determine e reivindique", que pendemos a balança para o outro lado e pensamos que talvez a única maneira de servir a Deus é termos certeza de que somos miseráveis.

Na parábola do filho pródigo, um filho exige sua parte na herança de seu pai, gasta tudo com uma vida sem limites, e então retorna à casa na esperança de ser transformado em um serviçal por seu grandemente desapontado pai. Em vez disso, ele recebe uma imensa, pródiga e divertida festa. Alguns cristãos nesse momento teriam recusado a festa, dizendo, "não, não, isso é muita coisa. Há algo que eu deva fazer na fazenda? Um lugar para lavar pés, quem sabe? Essa festa está me deixando alegre demais".

Seja você cristão ou não, o ponto é que temos uma relação desconfortável com a felicidade quando se trata de resolver nossas vidas.

Então, em vez de perguntar "O que me deixa feliz?", fazemos perguntas mais fáceis, como "O que vai me dar mais dinheiro?". Essa não é uma pergunta ruim. É uma ótima pergunta a ser feita eventualmente; não tenho problema em ganhar dinheiro. Escrevi esse livro em um laptop comprado com dinheiro. Sou fã do dinheiro.

Mas dinheiro não é uma motivação, é uma consequência.

Esse é o problema; a maioria de nós faz perguntas focadas em resultados.

O que vai dar dinheiro?

Quais empregos estão disponíveis no mercado neste momento?

Qual indústria está crescendo?

No que tenho mais experiência?

Essas são boas perguntas, mas não são as perguntas certas a se fazer primeiro, porque elas não revelam sua grandeza.

Há milhões de coisas que vão lhe dar dinheiro, mas que vão deixá-lo miserável.

Isso não é grandeza.

Seu diploma pode dizer "Marinha Mercante" e sua grande felicidade diz "Advogado".

Se siderúrgicas estão contratando em sua cidade e o mercado de trabalho está difícil, isso não quer dizer que aço é sua grandeza.

Você pode ter passado trinta anos como pastor, e sua grandeza ainda diz: "Vamos ser apicultor também".

Esses não são exemplos ficcionais. Essas são pessoas reais que conheci e que se atreveram a fazer a pergunta: "O que me deixa feliz?".

Desafio você a fazer o mesmo.

NÃO CONSTRUA BANCOS DE PARQUES SE VOCÊ AMA FRISBEE

Normalmente, quando você cruza com dois homens na floresta carregando um martelo, é motivo para preocupação, especialmente se suas mãos não são armas mortais, como as minhas. Mas naquela tarde de sábado, meu pai e eu não nos deparamos com algo perigoso – nós nos encontramos com algo grandioso.

Lá, em uma pequena clareira em um grande parque perto de nossa casa em Atlanta, estava outra dupla de pai e filho. O pai, que eu acho que tinha barba, porque coloco barba em muitas pessoas nas minhas lembranças, estava segurando um poste de sinalização. Seu filho adolescente estava em cima do pai, lentamente martelando o poste no buraco que eles haviam cavado no chão duro.

Acontece que eles não estavam enterrando um corpo – podem ficar tranquilos –, estavam colocando placas para o campo de Frisbee golfe. Os buracos estavam espalhados pelo parque e eram difíceis de ver se você não conhecesse bem o local. Então, um a um, buraco a buraco, essa dupla dinâmica estava marcando o caminho com dezoito placas diferentes.

O pai olhou para cima enquanto nos aproximávamos deles. Sem largar o poste, explicou: "Meu filho está recebendo seu distintivo de escoteiro. Isso certamente é melhor do que construir outro banco no parque." Então deu um grande (e barbudo?) sorriso e voltou ao trabalho.

Não fui um escoteiro, mas me lembro de ter crescido com um garoto que era. Lembro de minha mãe meio que plantando a ideia em mim, contando-me sobre como ele se esforçou pelo projeto, e selando o compromisso com o distintivo dos escoteiros. Adivinhe o que ele fez?

Ele limpou e pintou os hidrantes de incêndio de minha cidade. Agora, é possível que ele tivesse uma grande paixão por hidrantes. Talvez o pai dele fosse um homem de hidrantes. Hidrantes estavam no sangue dele. Mas há boas chances de que ele não amasse hidrantes.

Provavelmente, ele pensou em ter a honra de ganhar o distintivo dos escoteiros fazendo algo extremamente chato. Ele teria de ser um mártir e fazer algo que nenhum garoto "normal" faria.

À medida que você foca em sua vida e procura coisas pelas quais é apaixonado, não construa um banco no parque se você ama frisbee. Não compre a mentira de que mudar o mundo tem de ser uma obrigação ou te deixar infeliz. Seja corajoso para se divertir com o que quer que você queira para sua vida.

GRANDEZA NÃO É O NOME DE UM CARGO

Um dia, em uma conferência em Oklahoma, um senhor tentou me derrubar numa sessão de perguntas e respostas. Do fundo da sala, ele levantou a mão e perguntou, "Se todo mundo encontrar seu emprego dos sonhos, quem vai recolher meu lixo?".

Eu teria dado uma rasteira nele, mas ele era velho e mesmo do palco dava pra ver que tinha ossos frágeis. Então, em vez disso, eu gaguejei uma resposta ridícula, sabendo muito bem que encontraria a resposta perfeita horas depois, quando dirigia sozinho para o aeroporto. E achei. Aqui está ela:

"Você está confundindo a grandeza com um cargo. A grandeza é a essência de quem você é. É seu coração, sua alma, o tecido que faz ser quem você é. Um cargo é apenas a consequência de você viver sua grandeza. Não estou tentando dizer às pessoas para irem atrás de novos cargos; estou dizendo para elas escaparem da média."

Aí, nessa hora, se não tivessem arrancado o microfone das minhas mãos porque meu suor já indicava a iminência de um sermão, é assim que eu continuaria:

Uma vez eu tive que ligar para o suporte técnico da Apple porque a Cloud tinha estragado minha conta no iTunes. Fiquei preso na estratosfera e acabei perdendo toda a música que tinha comprado nos últimos dez anos. Então liguei para eles e tive que passar uma hora no telefone com a representante de atendimento ao consumidor.

Enquanto esperávamos para que ela recebesse informação de outro departamento, começamos a conversar. Perguntei: "Seu trabalho é difícil? Já tive empregos em que eu sentava ao lado do departamento de atendimento ao consumidor, e parece difícil".

Era uma aposta bem segura de minha parte. O trabalho dela parecia terrível para mim. Todas as ligações que ela recebia eram de pessoas que estavam insatisfeitas. O telefone dela nunca tocava com gente querendo agradecer, ou dizendo "eu amo meu laptop novo! Funciona maravilhosamente bem! Só queria que você soubesse!".

As pessoas só ligavam quando seu telefone estava quebrado, ou o *hard drive* tinha travado, ou a bateria do laptop tinha superaquecido e iniciado um incêndio em seus colos. (Ou quando, hipoteticamente falando, é claro, tinham derrubado café no laptop e torciam para que algum atalho no teclado pudesse abrir a bomba de esgoto do computador. Quem sabe Control + Alt + 3?)

Pense no pior telefonema que você recebeu no trabalho na semana passada e multiplique por quarenta horas, e você terá uma boa ideia do trabalho dela. Ou, pelo menos, é o que eu achei que ela fosse dizer. Eu estava errado.

"Eu amo o meu trabalho!", ela disse.

"Mesmo?", respondi. "Como assim?"

"Bom, há duas coisas que eu adoro: aprender coisas novas e ajudar as pessoas. E eu faço isso o dia inteiro!". Sua voz se animou enquanto ela falava sobre o emprego.

"Todos os dias, eu ajudo as pessoas a resolverem seus problemas. É tão legal. E aprendo coisas novas. A tecnologia está mudando tão rápido que todo dia é diferente, e eu posso aprender tudo a respeito."

Desliguei o telefone aquele dia percebendo que eu estava olhando para a grandeza dentro do contexto de uma aplicação específica.

A grandeza daquela garota era ajudar pessoas e aprender coisas novas. E depois que ela descobriu isso, podia aplicar um milhão de maneiras diferentes. Podia pegar um emprego que muitas pessoas achariam difícil de fazer e ter grande alegria nisso. Ela tinha atravessado o Foco e, em vez de cavar à procura de um cargo específico, descobriu duas alegrias – aprender coisas novas e ajudar pessoas. Então ela procurava maneiras de aplicar mais as duas a cada dia.

Ela entendeu que a grandeza está em achar a essência de quem você é e o que o anima. Uma vez que tenha descoberto isso, pode ter um milhão de cargos diferentes.

Pegue a mim como exemplo, já que sou o único escrevendo este livro no momento. Uma vez que editei minha vida e percebi que o que realmente me importava era compartilhar ideias, de repente havia um milhão de empregos dos sonhos disponíveis. Podia me tornar um blogueiro, um escritor, apresentador, palestrante, consultor ou editor.

O mundo dos empregos dos sonhos se abriu quando cheguei à essência do que amo fazer – quando esculpi aquele pedação de mármore que achei na terra do Aprendizado e descobri a estátua de Davi dentro de mim. Depois que achei isso, meu emprego era só mais uma maneira que eu podia aplicar minha descoberta.

A maior parte de nós faz ao contrário. Nunca passamos pela terra do Foco direito. Em vez disso, passamos um tempinho no Aprendizado e dizemos, "Agora preciso achar o emprego perfeito". Mas raramente sabemos o que amamos nessa fase, então é impossível achar o emprego certo. Geralmente acabamos frustrados e decidimos deixar que o trabalho simplesmente pague as contas.

Meu cargo atual é "arquiteto de ideias sensacionais". Admito que soa pretensioso. Mesmo ao digitar já pensei, será que esse cara é um idiota? (A resposta é sim, mas vamos falar disso mais para frente.) No entanto, você pode imaginar se, ao deixar a terra do Aprendizado, eu dissesse: "Em vez de achar a grandeza dentro de mim, vou simplesmente buscar uma empresa que esteja contratando arquitetos de ideias sensacionais. Quão difícil pode ser? O país deve estar fervilhando de vagas para isso".

Não procure apenas um nome de cargo. Procure a grandeza. Uma vez que descobrir isso, você pode ser um representante de atendimento ao consumidor e ainda assim ser incrível.

DESTRUA SEUS PLACARES

Às vezes as pessoas me dizem: "Você fala que todo mundo pode encontrar seu sonho e ser incrível. Mas e se meu sonho é ganhar um Grammy e eu sou péssimo cantor? E aí?".

Este é um belo desafio, e o tipo de coisa que as pessoas jogam na cara daqueles que dizem: "Você pode ser o que quiser". Se eu sou um péssimo cantor, como você pode dizer que eu vou ganhar um Grammy?

A resposta rápida é Auto-Tune.

A resposta mais morosa e honesta é que provavelmente você não vai.

Você não pode ser "o que quiser", mas pode ser algo ainda melhor: a sua melhor versão de si mesmo. Isso é sempre mais prazeroso do que tentar se forçar a ser algo que você não foi desenhado para ser (lembre-se de meus sonhos de entrar na NBA). Você quer ganhar um Grammy mesmo sem ter nenhuma habilidade musical? Isso provavelmente não vai acontecer. Mas tudo bem, porque ganhar um Grammy não é a sua grandeza. Não é a de ninguém. É só um resultado no placar.

Então, e se sua grandeza é cantar? E se sua grandeza é expressar o talento natural para o canto que há dentro de você, aquele talento passional e fervilhante que manteve quieto por tantos anos? E se você não precisar do Grammy para validar seu sonho?

E se a verdadeira definição de grandeza for simples como "cantar mais hoje do que ontem"?

Pode parecer bobo, mas garanto que é poderoso.

Com essa definição, você dará certo toda vez que cantar. Você dará certo toda vez que abrir sua boca e seu coração e deixar sair aquele talento que está desesperado para ver a luz do dia.

Você pode ser o Seryn.

Eles são uma banda de Denton, Texas. Lembram um Mumford & Sons com mais instrumentos e menos sotaque britânico. Cada membro toca mais ou menos 37 instrumentos, e eles constantemente os trocam no meio da música.

A primeira vez que os vi, eles tocaram em uma conferência para treze mil pessoas. Fiquei impressionado pela energia que espalharam pela arena naquele dia. A paixão deles era desenfreada, como se não pudessem acreditar que estavam tocando música na frente de uma plateia.

Escrevi sobre eles no Facebook. Alguns dias depois, um cara chamado Larry, de uma cidade vizinha à nossa, me mandou um e-mail. Disse: "Vi que você gosta do Seryn. Eles vão fazer um show caseiro na minha sala. Você e sua esposa gostariam de vir ver?". Nós gostaríamos.

Uma hora depois que chegamos, o Seryn chegou de Nova York e montou todos os instrumentos já citados na sala de Larry. Ligaram tudo, tomaram um gole de água e começaram o show.

Se a grandeza pudesse ser medida em uma escala de um a dez, eu esperava que eles tocassem em três ou quatro, qualquer que fosse o nível apropriado para música executada em um canto acarpetado ao lado de uma namoradeira. Eu estava errado.

A mesma alegria que dominou o palco ante treze mil pessoas estava exposta em uma sala com oitenta amigos. É como se o Seryn não pudesse evitar tocar assim. Como se estivesse dentro de seus corações. Naquele momento, eu aprendi uma lição simples sobre ser incrível: sempre toque no volume do seu coração, não no do tamanho de sua plateia.

A grandeza não deixa o público determinar o tamanho do show. A grandeza se apresenta para duas pessoas ou duzentas. A grandeza escreve livros ótimos mesmo que ninguém vá ler. A grandeza varre partes do piso em que nenhum pé jamais vai pisar.

A grandeza não consegue evitar.

A grandeza tem um coração imenso. E é para ele que sempre toca.

O tamanho do público não importa.

O aplauso da plateia não importa.

O dinheiro que você ganha cantando não importa.

Não me entenda mal; eu espero que você consiga todas essas coisas. Espero que tenha plateias imensas e fãs histéricos e mais dinheiro que o Tio Patinhas. No entanto, mais do que isso, espero que, se sua definição de grandeza for cantar, você cante sempre. E que perceba no caminho que cantar é sempre o que importa.

Se você vive assim, os resultados viram lucro em vez do ingrediente que falta em sua alegria. Se você puder compreender este conceito, pode começar a viver uma vida incrível neste exato momento. Não precisa do Grammy para validar sua versão da grandeza. Mesmo que algum dia aconteça. Foi o que se passou com meu amigo Dave Barnes. Ele escreveu uma música que foi indicada ao Grammy, e todos ficamos empolgados por ele. Mas o que era ainda mais maravilhoso era que, por uma década, ele vinha fazendo a música que queria fazer todos os dias. A indicação ao Grammy foi uma consequência deliciosa da vida grandiosa que ele vivia, não uma validação dela. Há um mundo de diferença, seja você músico, mãe, empresário ou os três.

A MINA DE DIAMANTE

Apesar de este livro não oferecer nenhum esquema para enriquecer, há uma mina de diamante na estrada para a grandeza que você precisa visitar quando passa pela terra do Foco.

Você já esteve em uma mina de pedras preciosas?

É exatamente como parece, só que as pedras não são preciosas e a mina não é mina. O nome mais preciso seria "banho de cascalho", mas as probabilidades maiores são que montanhas de turistas não se interessariam por essa atividade.

Eis como funciona:

No acostamento da estrada de uma pequena comunidade nas montanhas, como Boone, na Carolina do Norte, você pode comprar um balde de cascalho de uma "mina de pedras preciosas". Então você joga o cascalho e a sujeira em um recipiente pequeno, e segura sob uma fina corrente de água que atravessa uma calha. Quando lava a lama, começa a ver gemas como ametista e ouro de tolo. Pega as melhores pedras, limpa e leva para um dos donos de lojas de pedras preciosas dizerem que você encontrou coisas incríveis hoje, e então você as cola em uma moldura que é hoje o objeto mais cortante e perigoso de sua casa.

No verão passado, durante nossa viagem anual para visitar a família, fomos minerar pedras. No fim do dia, sentamos em um balcão enquanto um geólogo nos dizia o que cada pedra resumia. Ele estava se formando em geologia em uma universidade local, e realmente sabia muita coisa sobre cada pedra. Ele as virava cuidadosamente nas mãos, descrevendo cada nuance e as forças da natureza do fundo da terra que conspiraram para criá-las. Pegava uma pequena lanterna e acendia sobre uma pedra para revelar o tom de verde que uma esmeralda esconde em seu interior. Lavava a crosta de sujeira e mostrava a ametista que estava logo abaixo dessa superfície.

As pedras eram lindas, com explosões de cores e luzes que pareciam rivalizar com aquelas de pedras mais caras, como rubis e diamantes. Mas no fim eram só pedras. Então as colocamos em um saco plástico, escrevemos com canetinha o nome da minha filha e demos para ela.

Quando voltávamos para casa, comecei a me perguntar, "Por que algumas pedras são pedras e outras podem ser diamantes?".

Certamente há características mecânicas que tornam o diamante valioso, mas seu preço nem de longe é o que eles realmente valem. Há várias gemas que são bem mais raras do que diamantes.[1] Então como um diamante é um diamante e qualquer outra pedra é só uma pedra?

Porque alguém decidiu que era assim que funcionava.

1　Robert T. Gonzalez, "Ten gemstones that are rarer than diamond", *io9*, em 16/04/2012.

Um diamante é simplesmente uma pedra a qual nós, coletivamente, designamos o maior valor. É por isso que o suprimento é tão cuidadosamente guardado e monitorado, fazendo que ele valha um monte de dinheiro e outras pedras valham apenas um lugar numa moldura.

Dentro da mina na terra do Foco, você pode decidir o que em sua vida será um diamante e o que será pedra.

Você pode tomar esta decisão. Você pode atribuir valor às coisas na sua vida, e o valor que você lhes atribuir vai mudar radicalmente o modo como você interage com elas.

Cientistas chamam isso de "atribuição de valor". O valor que damos às coisas é uma força muito, muito poderosa. De certa maneira, orienta nossa percepção do planeta todo. O *Washington Post* provou isso uma vez com a conhecida história sobre um violinista e um metrô.

Uma manhã, no meio da hora do rush, eles colocaram Joshua Bell, um dos maiores violinistas do mundo, numa plataforma de metrô, vestido com roupas casuais. Em suas mãos habilidosas, colocaram um violino de 3,5 milhões de dólares, criado por Antonio Stradivari em 1713. Então ele começou a tocar as peças mais impressionantes e complicadas da música. Você imagina quantas pessoas pararam em seu trajeto para observar um concerto que normalmente custaria centenas de dólares em uma casa famosa? A resposta é sete.

Mais de mil pessoas passaram por Bell enquanto ele tocava, e apenas sete pararam para ouvir.

Apenas sete pessoas pararam por um minuto para dar ao momento a seriedade que ele certamente merecia. As outras mil pessoas que passaram reto? Como Ori e Rom Brafman, autores do livro *O que leva pessoas inteligentes a tomarem decisões erradas,* sugerem, elas já tinham atribuído valor ao artista de metrô. O som da bela música flutuando pelo ar não conseguiu mudar isso. O design do multimilionário violino não conseguiu mudar isso. A velocidade e a inegável habilidade nas mãos do violinista também não conseguiram quebrar isso.

"Enquanto passavam por Bell", escreveram Ori e Rom Brafman, "a maior parte dos passageiros sequer olhou em sua direção. Em vez de ouvirem um concerto extraordinário, ouviram música de rua." Eles tinham decidido que o metrô está cheio de pedras, e que a aparição de um dos maiores diamantes do mundo não ia mudar isso.

Eu particularmente não gostei das implicações que a atribuição de valor teve em minha vida. Era legal dizer, "Minhas filhas são minha prioridade, minha esposa é minha prioridade, o que escrevo é minha prioridade", mas às vezes eu me via tratando-os como pedras.

Como eu sabia? Porque não estava dando a eles minha moeda mais valiosa: *tempo*.

Fui forçado a me perguntar: "Minha esposa, filhos e o que escrevo estão recebendo o melhor do meu tempo e criatividade ou o resto do meu tempo e criatividade? Estava chamando diamantes de diamantes e pedras de pedras? Ou era possível que estivesse fazendo o contrário?".

Esse é o objetivo de todo nosso tempo na terra do Foco. Nós precisamos e, mais importante, podemos decidir o que chamaremos de diamantes e o que chamaremos de pedras. Esta decisão, e nossa habilidade de constantemente voltarmos a ela para ter a certeza de que estamos sendo fiéis, tem o poder de mudar a maneira como você vê o mundo inteiro.

O desafio de focar em seu próprio sistema de valores é que o mundo vai constantemente tentar convencê-lo de que você está errado. Quando sair da mina carregando os diamantes em suas mãos, o resto do mundo pode tentar convencê-lo de que são pedras. Não dê ouvidos. Você nunca deve buscar a grandeza com a definição dos outros.

ENCONTRANDO SEUS DIAMANTES

Não vamos complicar isso.

É bem fácil achar seus diamantes. Eles estão escondidos debaixo do seu nariz, em sua agenda. Na verdade, tempo é a única indicação honesta do que importa para nós.

Intenções são ambiciosas contadoras de mentiras. Se você perguntar onde estão seus diamantes agora, elas dirão o que você quer ouvir. Em vez disso, faremos uma rápida pesquisa em sua agenda.

Nas últimas vinte e quatro horas, você passou seu tempo fazendo o quê? Na última semana, o que recebeu o maior depósito de seu tempo? Trabalho, provavelmente, mas quanto ele realmente recebeu? E para onde foi o resto de sua semana?

Quando saí da mina de diamantes acreditando que minha esposa, filhos e escrita eram minhas prioridades, precisei consultar minha agenda. O que ela instantaneamente revelou foi que eu estava passando de cinquenta a sessenta horas por semana trabalhando. E indicou que minha esposa e filhas estavam recebendo fatias finas como lâminas do bolo do meu tempo – algo próximo de um décimo daquele volume.

Minhas intenções diziam o que sempre me disseram: Você é um marido tão bom! Você é um pai tão bom!

Mas minha agenda contava uma história diferente.

Percebendo isso, adivinhe o que eu fiz em meu emprego seguinte? Comecei a trabalhar das 7h00 às 16h00. Nem todo mundo fazia isso. Não veio de graça. Foi algo que eu tive que deliberadamente buscar, algo que precisei proteger. Mas eu não podia ignorar minha família e tratá-la como pedra enquanto fingia tratar como diamante.

Quer encontrar as pedras e diamantes em sua vida? Olhe em sua agenda. Não gostou do que encontrou? Foque. A agenda é sua. É sua funcionária. Você não se reporta a ela; ela se reporta a você. Edite para que diamantes continuem sendo diamantes.

O PROBLEMA DAS PAIXÕES MÚLTIPLAS

Meu amigo Matt é pastor. Um dia, ele e sua esposa escreveram um livro. Levou mais de um dia, mas esse é o tempo que você presume que outros autores levam para terminar seus livros.

Ele estava empolgado com o lançamento, mas tinha um pequeno dilema. Igrejas por todo o país o estavam chamando para que fosse até elas falar sobre o livro, mas ele não podia, porque trabalhava aos domingos. (Meu pai era pastor e, se você está se perguntando o que os pastores fazem no resto da semana, a resposta é Frisbee. É basicamente uma profissão de um dia por semana.)

Matt me perguntou se devia tirar um semestre sabático da igreja quando o livro fosse lançado, para que pudesse falar sobre ele. Falei confusamente o que achava e voltei para casa.

Dividi o desafio com minha esposa. Descrevi como um verdadeiro abacaxi. Jenny ouviu por trinta segundos e então resolveu o dilema com uma simples pergunta.

"Ele quer ser autor ou pastor? Se seu objetivo de longo prazo é ser um autor que escreve livros e viaja pelo país falando em cem igrejas, então deve tirar o ano sabático. Se o objetivo dele é ser pastor de uma igreja, então não deve tirar. Ele já está atingindo o objetivo. Ficar longe da igreja por seis meses seria falhar."

Jenny e sua sabedoria sucinta!

Ela estava certa. A resposta ao dilema de Matt era bem simples. Qual era a cara do sucesso? Se ele entrasse na torre de observação que está no caminho do Foco, o que veria a distância?

Se houvesse dois caminhos na floresta – duas paixões entre as quais ele devesse escolher uma para seguir – qual terminaria como ele queria?

Da torre de observação, qual caminho levava ao destino que ele estava mais empolgado para conhecer?

Essas são as mesmas perguntas que eu faria se você fosse tomar um iogurte de canela.

Se você tem uma pilha de possibilidades à sua frente neste momento e a ideia de focar é opressiva, suba no observatório e olhe para a terra da Colheita. Qual destino parece ser o do sucesso?

Qual parece bom, mas não ótimo?

Qual parece ok, mas não incrível?

Quando fiz este exercício, ele me forçou a perceber que para ter sucesso como redator-chefe na empresa em que eu trabalhava, provavelmente precisaria me tornar uma espécie de diretor criativo. Gerenciaria projetos e pessoas, o que significaria que eu passaria menos tempo escrevendo de fato. Este rapidamente se tornou um destino ao qual eu não estava ansioso para chegar.

Se você tem dez caminhos, este exercício simples vai ajudá-lo a eliminar alguns bem rapidamente. Especialmente aqueles em que você é simplesmente bom no que faz. Só porque você é bom em alguma coisa não significa que é a rota da grandeza para você. Você pode ser um excelente dentista. Você é capaz de consertar os dentes das pessoas simplesmente com seu olhar. Mas, se fosse honesto, se não tivesse o consultório, se as pessoas não dissessem o tempo todo como você é bom em odontologia, se já não tivesse investido tanto de sua vida nessa rota, você não admitiria, "eu não amo ser dentista"?

Foi o que aconteceu com um amigo meu, que me mandou este e-mail:

Tenho 28 anos e recentemente me formei em odontologia. Atualmente trabalho como dentista em uma cadeia de consultórios. Tudo parece muito bom, especialmente do ponto de vista financeiro, mas no meio da faculdade, descobri que realmente não tenho paixão pela profissão. Não tenho sonhos e esperanças para o futuro. Não quero meu próprio consultório nem nada disso. Não sou feliz praticando a odontologia e basicamente apenas suporto cada dia. Cada dia parece ficar pior enquanto eu sigo em frente, e dado que só estou fazendo isso há oito meses, não sei o que acontecerá daqui a alguns anos... Basicamente, sou apático e entediado no trabalho. Sinto que estou à deriva e perdendo oportunidades maiores e melhores lá fora. Não me entenda mal, eu tenho um emprego muito bom – paga bem e tenho bons benefícios – mas não sou nada feliz. Não pretendo me demitir no momento, mas faria isso se não tivesse uma enorme dívida da faculdade e um diploma que só me oferece o luxo de praticar a odontologia.

Você pode imaginar a pressão que ele está sentindo? Pode imaginar acordar aos 28 anos com 200 mil dólares em dívidas de financiamento estudantil e perceber que está na carreira errada? Tudo pelo que você trabalhou tanto, todas as decisões que tomou, todas as aulas que teve, tudo que almejou levaram você a um momento "Como eu cheguei aqui?", com ponto de interrogação, não de exclamação.

Ele sabia na faculdade que o destino no horizonte não era ao qual ele queria chegar. Por que ele não parou? Por que ele não desistiu naquela hora e deixou de virar um dentista? Pela mesma razão que eu e você acabamos em lugares onde jamais pretendemos estar.

Com mil passinhos pequenos.

Com um cursinho de biológicas. Com um formulário de empréstimo em um verão. Com a primeira, a segunda e a terceira aula da faculdade de odontologia. Até que um dia você acorda e não quer ser dentista, nem advogado nem nada. E o medo fala alto nesse momento. O medo diz: "É tarde demais".

Agora é tarde demais para mudar. Você já tomou tantas decisões, é tarde demais para consertá-las ou mudar de direção.

"É tarde demais para ser um bom pai."

"É tarde demais para voltar para a escola."

"É tarde demais para começar uma nova profissão."

"É tarde demais para ser outra coisa além da que você já é."

Nesses momentos, medo, dúvida e vergonha nos paralisam. Estamos tão frustrados com nós mesmos que desistimos.

Terminamos a segunda metade da faculdade de odontologia, dobramos a dívida e damos ao medo mais alguns anos de nossas vidas.

Não sei o que trouxe você a este momento. Não sei quais paixões você levou ao observatório e viu pelo telescópio. Não sei quantos obstáculos há em seu caminho. Mas uma coisa eu sei. Não é tarde demais.

Nunca é tarde demais.

"É tarde demais" é uma mentira que se enraizará em você, se você permitir. Então não permita.

Olhe pelo telescópio e veja como é a grandeza para você. As chances são de que ela está mais perto e é muito mais possível do que você pensa.

Isso significa que, se tivermos acumulado algumas contas e responsabilidades, vamos simplesmente ignorá-las e "correr atrás"? Não. Nunca. Esse pensamento mata sonhos. Não há grandeza em dar início aos seus sonhos sobre uma base de promessas quebradas e responsabilidades ignoradas.

Vamos pagar nossas dívidas.

Vamos eliminar os pedaços desnecessários de mármore em volta de nós e então focar na direção certa.

Vamos trabalhar mais do que nunca quando entrarmos na terra do Domínio.

Se o telescópio revelar uma definição de grandeza pela qual não nos empolgamos, vamos deixar aquele sonho na torre do observatório, mesmo que pareça muito custoso.

Esta foi a pressão que Bill Watterson, criador da tirinha *Calvin e Haroldo*, enfrentou anos atrás. Ele teria dezenas de milhões de dólares na mesa se simplesmente licenciasse *Calvin e Haroldo* para produtos. Uma caneca aqui, um cartão ali, um calendário e um par de cuecas – a lista de produtos que Bill Watterson poderia vender com seu trabalho é infinita. Teria rendido uma fortuna a ele.

Então, por que ele não foi pelo caminho do licenciamento? Deixarei que ele explique:

> Na prática, licenciamento requer uma equipe de assistentes para fazer o trabalho. O cartunista precisa se tornar um feitor de fábrica, delegando responsabilidades e supervisionando a produção de coisas que ele não cria. Alguns cartunistas não se importam, mas eu me tornei um para desenhar, não para gerenciar um império corporativo. Se eu fosse enfraquecer meus próprios personagens assim, teria abrido mão do raro privilégio de ser pago para expressar minhas próprias ideias para acabar sendo um vendedor comum e um ilustrador contratado.[2]

Watterson foi ao observatório e viu uma Colheita que não queria. Mesmo com os milhões de dólares em jogo, ele se afastou do licenciamento. A alegria de ser um cartunista e a mágica da história que tinha para contar valiam mais do que dominar algo que ele nunca quis. Ele já estava rico com as tirinhas? Sem dúvida, mas se você ler qualquer artigo sobre ele verá a imagem de alguém que teria feito tirinhas de graça porque essa era sua grandeza. E quando apresentado à oferta de trocar isso pelo que muitos chamariam de sucesso, ele declinou. Que todos nós amemos tanto assim o que quer que seja que fazemos.[3]

---

2   WATTERSON, Bill. *The Calvin and Hobbes Tenth Anniversary Book.*

3   *Ibid.*

AINDA COM PAIXÕES DEMAIS?

Tomara que você tenha deixado um punhado de paixões no observatório. Você gosta de tricotar, mas ter uma loja de tricô não parece tão divertido. Esta vai ficar apenas como hobby, não será sua estrada para a grandeza.

Mas é provável que você ainda tenha um punhado de coisas que acredita que possam ser incríveis. Tudo bem. Eu tinha 26 tipos diferentes de notas de pessoa jurídica em 2010 quando passava pela terra do Aprendizado. Além de meu emprego em período integral, tentei catorze projetos como escritor freelancer. De roteiros de vídeo a apresentações em PowerPoint e tudo que há entre os dois. Eu experimentei na terra do Aprendizado. Aprender é isso, tentar muitas coisas diferentes de maneiras diferentes.

Mas agora estamos Editando, e talvez você não saiba quais paixões são mais importantes para você. As pessoas muitas vezes me dizem isso. "Tenho muitas paixões. Não sei por qual começar." Acho que é um problema maravilhoso. Você gosta de coisas demais na vida. Bum! Parabéns. Mas há um problema nisso, porque as pessoas com paixões demais tendem a fazer algo que ninguém ousa dizer em voz alta. Em voz alta, dizem: "Tenho paixões demais. Não sei por qual começar". Mas o que realmente querem dizer é: "Tenho paixões demais. Então não vou começar nenhuma". E assim colocam seus sonhos na gaveta. Por mais uma semana. Ou mais um mês. Ou mais uma década.

Se for o seu caso – se você tem paixões demais e não sabe em qual se concentrar –, eis o que deve fazer:

Escolha uma e comece.

Não faça uma lista em ordem de prioridade. Costumava recomendar isso, mas era um erro da minha parte. Dizia, "Faça uma lista de todas as suas paixões, da mais a menos interessante. Então comece a trabalhar naquela pela qual se interessa mais."

Parecia um bom conselho, mas não é. O que inevitavelmente acontecia era que a lição de priorizar virava outro ponto de paralisia. Eu dizia cinquenta vezes, "Quando fizer a lista, não precisa estar perfeita.

Faça rápido. Não tente fazer com perfeição". E aí as pessoas pegavam seu punhado de paixões e imediatamente travavam tentando fazer uma lista perfeita.

A lista é péssima. É uma perda de tempo mutiladora. Em vez disso, apenas escolha uma e comece.

Se todas são paixões, qual é a pior coisa que pode acontecer? Você passar um tempo fazendo algo que gosta e depois descobrir que não é a coisa de que mais gosta entre todas?

Como isso pode ser um fracasso?

Isso é um Foco. Se você esperar para criar uma lista com prioridades ou simplesmente esperar porque não sabe onde começar, tem a garantia de zero por cento de satisfação, porque trabalhou em zero por cento de suas paixões. Sou péssimo em matemática, mas até eu sei que um pouco é melhor do que nada.

Comece com alguma coisa. Edite se não for sua grandeza. Passe para a próxima.

A GANGORRA

Um dia, meu amigo Preston veio até meu escritório e disse: "Você quer ser um escritor que palestra ou um palestrante que escreve?".

Na hora que ele me perguntou, parecia algum tipo de charada budista. Como se ele fosse me bater com uma vara de bambu se eu não respondesse logo. Felizmente, ele não bateu, porque demorei seis meses para entender o que ele queria dizer.

Eu ia ser um escritor que escreve livros e depois viaja para eventos em que fala sobre eles? Ou eu ia ser um palestrante que escreve discursos? Se eu ia ser um escritor, precisava me perguntar: "O que escritores fazem?".

Essa é rápida, então vou repetir, mas... Eles escrevem. Vou falar de novo, porque é chocante: eles escrevem.

Escritores escrevem, certo? É sua primeira prioridade. Eles não agendam um milhão de palestras ao longo do ano que os impede de escrever.

Eles bloqueiam sua agenda e escrevem.

Pesquisam livros e escrevem.

Vão a conferências de texto para aperfeiçoar sua arte e escrevem.

Palestrantes? Fazem exatamente o contrário.

Agendam o máximo de eventos possíveis e palestram.

Eles trabalham no máximo de discursos possíveis e palestram.

Vão a conferências de oratória para aperfeiçoar sua arte e palestram.

Quando eu troquei em miúdos assim, ficou bem fácil dizer sim a certas coisas e não a outras.

Na maior parte do tempo, tentamos ficar no meio da gangorra da paixão e nos equilibrarmos perfeitamente. Temos medo de escolher a coisa errada, então apenas ficamos por ali, em vez de pularmos para um lado.

E o absurdo é que, quando eu escolhi escrever, isso não significava que não daria palestras. Fiz mais eventos como orador no último ano do que na vida toda. Farei uma dúzia de palestras este ano, e amo fazer isso. Não decidi que nunca mais ia fazer uma de minhas paixões. Só tive que decidir que haveria um vencedor – a grandeza entre as grandezas. Haveria um primeiro lugar se as duas paixões, falar e escrever, alguma vez empatassem.

E é claro que elas se sobrepõem. A maior parte de nossas paixões é assim. Neste momento, é improvável que suas paixões sejam "ser um biólogo marinho, um pastor beduíno ou um investidor de Wall Street". Focar geralmente não evita que você às vezes exercite outras paixões. Geralmente, concentrar-se em uma ajuda você a ficar ainda melhor em outra.

Quando me concentrei em ser escritor, fiquei melhor em escrever discursos e apresentações. Não me livrei da paixão por discursar. A oratória, na verdade, ficou mais fácil. Só não era minha parada final na jornada para a grandeza. Eu queria ser escritor.

ALPINISTA

Um alpinista que só tinha uma perna me ensinou algo muito interessante.

Ele tinha perdido a perna em um acidente de alpinismo, mas continuava a viver nas montanhas. Entre as sessões de fotos para revistas, ele pode ser encontrado pendurado em abismos e onde mais você imaginar.

Em um evento, falei com ele sobre a única história de alpinismo que eu tinha. Era curta e mais ou menos assim:

"Você viu a última capa da *National Geographic*? Aquele cara de pé no penhasco? Não é uma loucura?"

Era tudo que eu tinha. De cara, já tinha esgotado meu material sobre alpinismo.

Felizmente, ele tinha muito.

"Aquele é o Alex Honnold. Sou amigo dele. Ele é incrível."

Alex Honnold é um dos maiores alpinistas livres do mundo. Escalada livre significa que ele sobe sem cordas e sem companhia. A única coisa que ele leva para a montanha é uma pequena bolsa de cal e seu iPod (provavelmente com o áudio-livro de *Quitter* tocando em repeat). Então ele escala centenas de metros em um penhasco, cuidadosamente colocando seus dedos calejados em fissuras de poucos centímetros para evitar que despenque para a morte.

Este meu amigo montanhista/fotógrafo disse que Alex estava começando a receber bastante atenção da mídia. Uma tarde, um time de fotógrafos se amarrou a diferentes partes da montanha para que pudessem capturar a imagem de Alex subindo. Alex ia tão rápido que eles não conseguiam acompanhar. De tempos em tempos, ele era obrigado a achar alguns centímetros onde se apoiar, e era quando os fotógrafos reposicionavam suas cordas e equipamentos.

"E como Alex está lidando com esta fama recente?", perguntei. "Estar na capa da *National Geographic* não é pouca coisa."

O fotógrafo pensou por alguns segundos e então disse, "Bom, acho que o ponto de vista de Alex é, 'Vou escalar montanhas, porque é isso o que eu faço; sou um alpinista. Então, se quiserem vir junto, tirar fotos de mim e me dar dinheiro, ótimo. Eu ia fazer isso de qualquer jeito mesmo'".

Alex ia escalar montanhas. É o que ele faz. É quem ele é. A estrada dele para a grandeza é exatamente como a sua, só que vertical. E se algum dia você vir um vídeo dele, saberá na hora que ele está fazendo a coisa certa. No chão ele é um pouco destrambelhado. Parece desconfortável e totalmente fora de seu elemento. Na montanha, ele se transforma.

Ele ia fazer isso de qualquer jeito.

E você? O que você estaria fazendo de qualquer jeito?

Todos temos alguma coisa assim. Todos temos uma ou duas paixões como Alex. Para mim, é criar ideias. Amo ser pago para escrever e dar consultoria a empresas. As duas coisas são muito divertidas. Mas, independentemente do dinheiro, ia fazer isso de qualquer jeito.

Porque sou um escritor. É o que escritores fazem. Compartilham ideias.

QUEM VOCÊ PRECISA SER QUANDO ENTRAR NA TERRA DO DOMÍNIO?

Meu amigo Thad Cockrell me deu a resposta. Ele é um músico.

Alguns meses atrás ele começou um novo projeto chamado Leagues. Depois de uma carreira solo de sucesso, ele decidiu começar uma nova aventura com uma nova banda.

Antes de começarem a gravar o álbum, ele chamou o guitarrista, o baterista, o tecladista, o engenheiro de som e todo mundo que estivesse minimamente envolvido no projeto e disse a todos quem ele precisava que eles fossem.

Seu "eu" secreto.

Para cada um, ele dizia: "Preciso que você seja seu eu secreto neste álbum. Preciso que seja a pessoa que você sempre soube, no fundo, que podia ser, mas tinha medo. A pessoa que sempre sonhou ser. Preciso dessa pessoa no álbum. Preciso que você seja seu 'eu' secreto".

É isso que eu preciso que você seja quando entrarmos na terra do Domínio.

É hora de ser seu "eu" secreto.

6

DOMÍNIO

VOCÊ ESTÁ PRONTO PARA UMA PORRADA?

Acho que, como cristão, eu não deveria nem usar o termo "porrada", mas, neste caso, não posso fazer nada. Você pode imaginar algum outro termo que signifique "cadeiras sendo quebradas nas costas de alguém"? Eu não. Talvez "desavenças no bingo" ou "discussão na quermesse", mas nenhuma delas captura a fúria de uma verdadeira treta. E a grandeza está sempre pronta para uma.

Um sonho pelo qual você não precisa lutar não é um sonho – é um cochilo. E apesar de os cochilos serem deliciosos, especialmente nas tardes de domingo, eles não o ajudam muito a deixar você mais perto da grandeza. A grandeza muda o seu mundo. E é por isso que eu saí na porrada com Dave Ramsey.

Quando eu quis batizar meu último livro de *Quitter* [Desistente], ele foi contra. Achava que era um pouco negativo demais e que não daria um bom título. Discutimos bastante por e-mail até que finalmente decidimos fazer uma reunião. Eu estava uma pilha de nervos. Acho que chegará o dia em que deixarei de me sentir intimidado por Dave Ramsey. Quem sabe lá por 2032. Mas ele vendeu milhões de livros, tem uma personalidade que enche arenas e passa suas semanas dando conselhos a cinco milhões de pessoas em seu programa de rádio. É um empreendedor que, depois de refazer sua vida na marra após a falência, passou os últimos vinte anos construindo um negócio de sucesso, lutando o tempo inteiro.

No fim de semana antes da reunião, treinei o minidiscurso que faria para ele. Na tarde de sábado, montei um escritório em minha casa para ensaiar como eu ia me sentar e o que faria com meus braços. Devo me apoiar no braço esquerdo enquanto aponto enfaticamente com o direito, que é meu braço do poder? Cruzo os braços para estabelecer seriedade, ou isso é um erro de linguagem corporal?

Tinha tudo pronto para nossa reunião às 16h30 daquela segunda-feira. Às 9h35, meu telefone tocou. Era meu líder de equipe, que disse, "Oi, o Dave está no meu escritório e quer falar com você sobre o título do seu livro". Ahhhh, mudança de horário. Boa jogada, Dave Ramsey. Boa jogada mesmo.

Então corri até o escritório, suado e um pouco enjoado. Sentei e disse a ele por que o título tinha que ser *Quitter*. Disse que tinha me demitido de seis dos oito empregos que tinha tido na vida. Disse a ele que, dos outros dois, fora demitido de um e convidado a me retirar do outro. Mostrei a tristeza de meu histórico empregatício como prova de que eu era, de fato, um desistente. Estava ansioso sobre o que ele diria quando ouvisse minha experiência, mas precisava lutar pelo título em que acreditava. Era importante para mim, e eu não sabia quanto, até que entrei numa briga a respeito.

Sua posição contrária me ajudou a definir meu sonho. Trouxe à luz uma energia e uma paixão novas pelo título e pelo livro. Eu tinha apresentado uma dúzia de outros títulos fracos para a equipe, mas não ligava para eles. Foi só quando fui acuado e forçado a lutar que meu sonho realmente começou a se cristalizar.

É assim que a estrada para a grandeza funciona.

Você vai sujar suas mãos brigando. Vai chegar à batalha de uma reunião e dar cotoveladas. A grandeza não é um assunto casual. Sempre haverá algum grau de rixa. Algum grau de oposição. E desde que você esteja atrás de sua grandeza real, não vai fugir da briga.

Bem-vindo à terra do Domínio. Agora é hora de dar cotoveladas.

PASSEI UMA TEMPORADA NA REABILITAÇÃO

Em 2008, decidi que queria ser um palestrante. Depois de escrever, era a segunda coisa que eu queria Dominar.

Eu tinha esperança, paixão e grande desejo de ser um orador.

O único problema é que mais ninguém ligava.

Ninguém me contratava para falar. E era uma decisão acertada da parte deles. Eu era péssimo.

Mas entrei em um círculo vicioso não muito diferente daquele do recém-formado que entra no mundo real procurando emprego. Este círculo não é raro quando se entra na terra do Domínio: você não tem experiência. A única forma de ter é com um emprego. Mas os empregadores insistem em cobrar experiência. E assim vai.

Então eu achei uma falha no sistema. Estava no último lugar em que muita gente procuraria: na reabilitação.

Uma igreja perto de nós tinha um programa de reabilitação. Tinham sempre doze pessoas vivendo no local. Estavam sempre procurando palestrantes, porque ninguém quer os internos da reabilitação como plateia.

Quando você sonha em ser um palestrante, almeja multidões imensas e palcos enormes e cachês igualmente grandes. Falar para doze pessoas que estão sofrendo em uma das piores fases de suas vidas, de graça, não é exatamente uma ambição. Então, por que eu fiz?

FOI INCRÍVEL.

Um de meus sonhos era compartilhar esperança com as pessoas. E este era um grupo que precisava de encorajamento. Às vezes, ficamos presos à espera do contexto perfeito – aquele que sempre tivemos em nossa mente – para começarmos a ser incríveis. É um erro terrível. A grandeza começa no momento em que você faz o que ama. Se você realmente ama fazer aquilo, o ambiente em que faz não deveria importar (lembra da representante de atendimento ao consumidor da Apple?).

ELES NÃO VÃO DEIXAR VOCÊ FINGIR.

As pessoas que estão na reabilitação estão aprendendo a se comunicar honestamente. Não vão deixar que você chegue e faça um discurso de sonâmbulo. Tive que ir fundo e falar de coração. Isso foi uma experiência sem preço.

NINGUÉM MAIS ESTAVA FAZENDO.

Você sabe quantos outros palestrantes perguntaram ao centro de reabilitação se podiam falar lá no mesmo mês que eu? Zero. Como alguém que era péssimo em oratória, era essa a concorrência que eu estava pronto para enfrentar.

Só fiz isso algumas vezes, mas amei fazer. E alguns anos depois de eu ter falado lá, alguém me abordou após um evento. Ele disse: "Ouvi você em sua primeira palestra. Eu estava na reabilitação, e aquilo significou muito para mim".

Você quer ser mais incrível naquilo que escolheu dominar? Encontre sua versão da reabilitação – algum lugar em que você possa praticar sua grandeza.

GANHE EXPERIÊNCIA

Se você não está tentando se tornar um palestrante, qual é a cara da sua "reabilitação"? As três melhores coisas que você pode fazer para ganhar experiência são:

Voluntariar-se.
Pegar um emprego de meio período.
Ser conduzido.

Nenhuma dessas opções é particularmente atraente, mas são incrivelmente eficazes.

VOLUNTARIAR-SE.

Às vezes meus amigos me dizem, "Estou começando uma ONG!". Pergunto o que isso significa, e eles dizem, "Abri uma conta no Twitter, comprei um domínio na internet e talvez faça uma campanha de lançamento".

"Você já esteve no país em que sua ONG vai focar?"

"Sim, passei quatro dias lá uma vez."

"Você já trabalhou com alguma organização estabelecida lá?"

"Não. Por quê?"

E é aí que imploro para que eles se voluntariem primeiro.

Espero que você comece um milhão de ONGs. Espero que comece um milhão de negócios. Espero que comece muitas coisas diferentes. Mas não seja tão ansioso para correr pela terra do Domínio a ponto de recusar o voluntariado.

Achamos que um período de seis meses de voluntariado vai nos atrasar na busca por nosso sonho.

Estamos errados.

O voluntariado não breca seus sonhos. Ele acelera você. Dá um curso intensivo que será valioso quando você lançar seja lá o que queira lançar. Ensina lições que você vai preferir ter aprendido quando seu futuro não está em jogo.

Estou recomendando que você largue seu emprego e faça trabalho voluntário por seis meses? Não. Estou sugerindo que, na terra do Domínio, você faça um esforço consciente e deliberado para encontrar uma folha de inscrição de voluntários. Não precisa ser no sopão. Jogue fora sua antiga definição de "voluntário". A nova definição de voluntário é "qualquer atividade que permita a você trocar tempo por experiência".

Isso pode ser quase qualquer coisa. Meu amigo Jeff Goins queria ser um blogueiro incrível. Em vez de simplesmente concentrar-se no seu próprio blog, ele criou uma bem pensada lista de blogs para os quais gostaria de contribuir como convidado. Por mais de um ano, ele colaborou de graça para outros blogs.

Ele virou um blogueiro melhor?

Pode apostar.

Seu voluntariado o levou a ótimos relacionamentos na comunidade blogueira?

Certamente.

Seu próprio blog, sua grandeza, cresceu como resultado de seu voluntariado?

Significativamente.

O seu também vai?

Não tenha dúvida.

PEGUE UM EMPREGO DE MEIO PERÍODO.

Uma manhã, quando eu esperava um táxi no saguão do hotel, comecei a conversar com um motorista que tinha vindo buscar outra pessoa. Ele era um cara legal e passou a me contar algumas histórias sobre sua vida na Flórida. Sem trabalho, ele tinha aceitado o emprego de motorista como tapa-buraco. Sua casa estava de pernas para o ar, seus prognósticos eram inexistentes e ele descrevia a Flórida mais ou menos como o personagem de Vin Diesel em *As Crônicas de Riddick* descreveria o planeta-prisão de onde tinha escapado.

Depois de alguns minutos, meu táxi chegou e eu entrei no carro. Achei que ele teria uma história parecida com a do primeiro motorista. Afinal, os dois tinham exatamente a mesma profissão, exatamente no mesmo lugar exatamente no mesmo momento da economia. Em vez disso, quando perguntei a ele o que fazia, foi isto o que ele respondeu:

"As coisas estão ótimas! Aqui tem muita oportunidade. Viemos do norte do país e amamos a Flórida! Comecei esse negócio de táxis e está começando a crescer."

Fiquei confuso com essas duas experiências completamente diferentes, então eu disse: "Acabei de falar com outro motorista, e ele me contou exatamente o contrário. O que você está fazendo de diferente? Mesma idade, mesma profissão, mesma economia. Qual é a diferença?".

Ele riu um pouco e então me contou sua história.

Um dia, ele contratou um motorista para pegar sua família no aeroporto. Ele queria que seus filhos tivessem a divertida experiência de ter alguém esperando por eles no desembarque com seus nomes em um cartaz. Ele estava ansioso por isso, mas acabou sendo bem decepcionante. O motorista não era gentil, o serviço era mediano, o custo era alto.

Depois de pensar um pouco a respeito, ele chegou à mesma conclusão que muitos dos donos de novos negócios chegam: "Aposto que poderia fazer isso melhor".

Ele podia oferecer um serviço melhor por um preço melhor e provavelmente fazer um negócio bem melhor.

E é aqui que a história dele fica incrível.

Ele podia muito facilmente ter dito para a esposa: "Nunca fui motorista. Nunca trabalhei em uma empresa de transporte. Não sei nada sobre esse negócio. Vou fazer uma pesquisinha, basicamente online, e então jogar nossas economias, toda nossa estabilidade, o futuro de nossos filhos e tudo que não esteja pregado no chão de nossa casa neste meu novo sonho. Então, seis meses depois, quando as coisas não crescerem tão rápido como eu esperava, vou ficar chocado se você se sentir desconfortável com este meu sonho".

Em vez disso, ele ignorou o caminho da média e arrumou um emprego na mesma companhia de transporte com a qual sua família teve a experiência decepcionante. Em vez de simplesmente receber treino teórico, teve um treinamento *in loco*. Passou quatro meses aprendendo os segredos do negócio. Trabalhou o mais arduamente que podia para seu novo empregador e, em troca, aprendeu como era administrar uma empresa de serviços de transporte.

Então, e só então, decidiu começar sua empresa.

Se você tem um sonho que envolve uma empresa de qualquer tipo, não seja orgulhoso demais, impaciente ou tolo para achar que não precisa de um emprego de meio período. Por que aprender com seus erros quando as apostas são as mais altas possíveis? Por que atrelar seu futuro inteiro a um experimento? Por que não ser pago para receber educação para seu sonho?

Se você quer abrir um café mas nunca trabalhou em um na vida, precisa trabalhar em um Starbucks primeiro. Talvez você acabe odiando café. Talvez se canse do horário comercial. Talvez abrir a loja às 4h30 da manhã se torne um pesadelo em um ou dois meses.

Prefiro que você descubra isso em seu emprego de meio período do que em seu sonho de período integral.

SEJA CONDUZIDO.

Às vezes, as pessoas me tomam o ouvido. Não literalmente, mas metaforicamente. E, à guisa de conselho, me dizem coisas interessantes. Eis algo que ouvi algumas vezes: "Nossa fiquei surpreso de você ter entrado na equipe Dave Ramsey. Você podia estar fazendo todo esse negócio de blog e livro sozinho agora. Por que não começar seu próprio negócio?".

Às vezes, quando dizem isso, a intenção delas é elogiar, de certa forma. Querem dizer que escrevi um livro, tenho um blog e uma conta no Twitter, e talvez seja hora de atacar sozinho. Às vezes falam com ironia, que eu de alguma forma peguei o caminho mais fácil ou mais seguro ou mais covarde ao entrar na equipe de outra pessoa em vez de seguir sozinho. Venho pensando nesses comentários já há um ano e acho que eles representam uma mudança interessante em nossa cultura. De um lado está o empreendedor, que se sente impelido a seguir sozinho. Há tantas ferramentas e oportunidades agora para zarpar seu próprio barco. É uma época maravilhosa para ser um empreendedor e, para muitos, esta é a decisão perfeita.

Às vezes, no entanto, no meio do caminho, um sentimento de impaciência e até de merecimento se embaraçam em nosso empreendedorismo. Estamos tão desesperados para sermos logo "o cara", ou "a mulher". Estamos tão ansiosos para criar nosso próprio caminho que achamos que não precisamos ser conduzidos. Dizemos: "Posso facilmente criar minha própria plataforma com as mídias sociais... Conquistar meus próprios seguidores... Tenho o que é preciso para fazer isso e ninguém na história do mundo já fez isso desse jeito! Quem poderia me dar conselhos? Ser um aprendiz seria um fracasso. É a minha hora!".

Com essa linha de pensamento, subimos uma escada do merecimento e perdemos algumas coisas.

Perdemos o valor de conselhos sábios.

Perdemos a honra de estarmos sob a liderança de outro.

Perdemos a alegria de construir algo lentamente que afete múltiplas gerações em vez de apenas nossas vidas.

Por que decidi trabalhar para Dave Ramsey?

Porque eu quero ser conduzido. Quero aprender com um mestre. Quero admitir repetidamente, "Não sei qual a melhor maneira de fazer isso. Você pode me ensinar?".

Tenho um novo pensamento agora quando as pessoas me dizem: "Nossa, fiquei surpreso de você ter entrado na equipe de Dave Ramsey". Agora, em minha cabeça, eu penso: "Tem razão. Ele passou duas décadas construindo um negócio que foi de zero para trezentos empregados e um império do rádio que está em quinhentas estações de todo o país. Eu escrevi um blog e alguns livros. Estamos mais ou menos no mesmo nível no momento. Terminei de aprender e provavelmente devo seguir sozinho. Afinal, o que esse cara poderia me ensinar?".

Deixe-se ser conduzido. Deixe-se ser instruído. Continue aprendendo.

Não evite oportunidades de ganhar mais experiência e sabedoria só porque você está "dominando" algo. Aprender daqueles que vieram antes de você é uma arte em extinção que pode catapultá-lo à frente na terra do Domínio.

AGORA TREINE

Estou lutando contra o sol, mas não vou ganhar.

Estou desesperado para que ele se ponha, mas como ainda são 15h e estou prestes a subir ao palco, provavelmente não vai acontecer. Acho que se o pôr do sol fosse às 15h teríamos problemas maiores do que eu dando vexame em um festival de música, mas sou um tanto egoísta, então não estava pensando nas consequências de um apocalipse solar naquele momento.

Estava pensando no punhado de colegiais que esperavam ver um rapper chamado Lecrae e ganharam a minha presença em vez disso. Você nunca viu adolescentes mais desapontados na vida.

Foi o primeiro e único festival de música em que falei. Sabia no mesmo segundo em que aceitei o trabalho que seria difícil, mas não sabia quanto.

Parte do desafio era que a apresentação seria no meio do dia. Se fosse durante a noite, ao menos haveria um holofote direcionando os olhos das pessoas para o palco. A outra parte do desafio era uma banda punk tocando em outro palco ao mesmo tempo. As pessoas passaram a gostar massivamente de punk quando perceberam que o rapper não apareceria depois do cara que estava falando.

O festival de música foi fantástico para música, mas não sou uma banda. E, numa palestra, você sempre pode achar a pessoa na plateia que está mais desapontada com o que você está dizendo. Em uma multidão de mil pessoas, sua visão de caça-julgamento encontra a pessoa dormindo, carrancuda ou sacudindo a cabeça como se tentasse rebater suas palavras de volta para o palco.

Eu o vi bem rápido também. Tinha cerca de dezoito anos e estava encostado contra a barreira de segurança na frente do palco. Tentei olhar para o outro lado, mas continuava a ver seu rosto na multidão uma vez atrás da outra, me encarando e tentando me tirar do palco com a mente, e uma carranca que naquele momento rivalizava com a minha. No meio do discurso, percebi o problema: ele era gêmeo. Eu não estava vendo apenas ele. Eram ele e seu irmão gêmeo idêntico. Só posso supor que eram como Xamot e Tomax do *GI Joe* porque estava claro que eram capazes de sentir a dor um do outro.

Era um evento doloroso até que eu percebi algo bem simples no meio do meu discurso. Eu estava treinando.

É assim que você alcança a grandeza.

Você treina.

Como você se torna um mestre?

Você treina.

Se você quer ser melhor em algo, você precisa treinar. Isso é verdade para quase todas as partes da vida.

Quer ser muito amigo de alguém: treine. Saiam para um café. Ajude na mudança. Faça uma visita numa terça à noite qualquer. Empilhe treinos até ter o relacionamento que você quer. Tendemos a achar que funciona ao contrário. Que se queremos ter uma grande amizade, precisamos de grandes momentos juntos. E eles são importantes também, mas são poucos e espaçados. Cada café que você toma com um amigo não vai render uma entrada no seu diário. "Querido diário, Jill chorou de novo no café hoje. Nós abrimos o coração um para o outro enquanto comíamos bolo, e resolvemos vários de nossos problemas graças ao poder da conversa e da transparência."

É mais provável que vocês só tomem café. Que só conversem e deem risada. Só um treino. Se você quer passar pela terra do Domínio, vá para a reabilitação, faça voluntariado, tenha um emprego de meio período e, acima de tudo, treine.

E um dia você vai olhar e perceber que tem uma amizade incrível.

É a mesma coisa com os sonhos. Você não pode escolher uma vida só de golaços. Você vai ter que chutar muito ao gol. Alguns vão entrar, outros não. Mas cada um leva você para mais perto da grandeza.

É por isso que eu treino.

É por isso que eu escrevi um milhão de palavras no meu blog.

É por isso que, em algumas semanas do ano, faço seis discursos diferentes, em seis dias diferentes para seis plateias com seis mensagens diferentes.

É por isso que eu tinha 26 notas diferentes para declarar no imposto de 2010.

Eu tinha um emprego em tempo integral e gostava dele. Mas queria ser melhor como escritor freelancer. Precisava de treino.

Muitas vezes, achamos que talento é a chave para a grandeza. Mas se você olha melhor as pessoas que chamamos de gênios, você descobre que há uma enorme quantidade de trabalho duro. Veja Mozart, por exemplo: "Quando ele tinha 28 anos, suas mãos estavam deformadas por tantas horas de ensaios, apresentações e composições".

Oba! Mãos deformadas! Parece ótimo, Jon. Bom jeito de vender o valor do trabalho duro.

A ideia não é ganhar mãos deformadas; é acrescentar força ao seu talento. Como a autora Twyla Tharp diz: "Mozart estava longe de ser um prodígio ingênuo que sentava no teclado e, com Deus sussurrando em seu ouvido, deixava a música fluir por seus dedos. É uma imagem bonita para vender ingressos de filmes, mas tenha Deus beijado sua testa ou não, você ainda tem que trabalhar. Sem aprendizado e preparação, você não vai saber como aproveitar o poder do beijo."[1]

ALGUMAS COISAS SÃO HOBBIES, E TUDO BEM

Se tudo for conforme o plano, eu nunca vou participar de uma prova de triatlo. Nunca vou me ver tirando a roupa de banho enquanto saio de um lago ou oceano e pulando em uma bicicleta de nome complicado e selim duro. Nunca vou terminar um dia difícil, que teve uma corrida de bicicleta, com uma meia maratona, ou uma maratona inteira. Tenho esse objetivo de não participar de uma prova de triatlo há anos e até agora tenho conseguido mantê-lo.

Fico feliz por muitos de meus amigos amarem praticar triatlo. Para algumas pessoas, esse tipo de exercício é parte de sua grandeza, mas não faz parte da minha. Apesar de gostar de correr, não é algo que eu tente Dominar. Não é algo que eu queira levar através de cinco estágios de grandeza. É um hobby, e tudo bem. Você terá hobbies também – coisas que gosta de fazer, mas que não quer Dominar a sério. Com sorte, na terra do Domínio, alguns virão à mente. "Eu realmente ligo tanto para _____ a ponto de fazer os treinos, voluntariado ou ter um emprego de meio período?" Talvez não. Talvez o que parecia parte de sua grandeza no começo do mapa tenha se revelado um hobby.

---

1   THARP, Twyla. *The Creative Habit: Learn It and Use It for Life.*

Isso não é fracasso. Isso é sucesso, porque agora você sabe onde colocar aquela atividade específica. Largue qualquer culpa que sinta sobre sua inabilidade de começar uma loja de colchas. Talvez fazer colchas simplesmente não seja para você. É um pequeno hobby que te dá grande alegria. E, reconhecendo isso, você agora pode focar nas coisas em sua vida que quer levar além do hobby. As coisas que quer dominar e colher e orientar pessoas a fazer.

As coisas que definem a sua grandeza.

IGNORE OS MEGAFONES, POR ENQUANTO

A estrada que atravessa o Domínio está entulhada de megafones. Não os pegue. Eles só vão distanciá-lo de uma das outras chaves para dominar sua paixão. Se você pegar um megafone cedo demais, você não vai aprender que para atingir a grandeza você precisa passar mais tempo exercitando seu sonho do que o promovendo.

A internet tornou ridiculamente fácil promover seu sonho, sua arte, sua paixão, qualquer coisa. Mas essa facilidade vem com uma consequência.

A tentação é gastar mais tempo promovendo o que você faz do que fazendo de fato. Dominando suas habilidades, gastando as horas necessárias para se tornar ótimo, trabalhando duro quando ninguém está olhando. A promoção faz as pessoas pensarem que você já é um mestre. A prática é o que realmente o torna um mestre. Há uma diferença enorme entre as duas coisas.

Quer se destacar no turbilhão das mídias sociais e ser incrível? Passe dez horas exercitando seu sonho para cada hora que passa promovendo.

Quer ser incrível ainda mais rápido? Torne essa proporção cem para um.

VOCÊ SERÁ ODIADO

Alguém vai odiar o que você faz. Isso não é um talvez. É uma certeza. E não é desgostar. É odiar. Com energia, intensidade e uma paixão que vão te surpreender.

Críticos são inevitáveis. Como será sua reação é que vai ser o diferencial.

O primeiro passo a dar quando se navega nesta seção do mapa é fazer uma distinção clara entre ódio e crítica construtiva.

Ódio leva a uma ferida.

Crítica construtiva leva a uma melhora.

A motivação do ódio é machucar.

A motivação da crítica construtiva é ajudar.

Ódio é uma âncora.

Crítica construtiva é um presente.

Se você confundir os dois, vai passar tempo demais tentando achar vitamina no veneno do ódio, e vai perder o benefício da crítica construtiva ao interpretá-la como ataque.

Para distinguir os dois melhor, quero que você faça duas perguntinhas rápidas da próxima vez que seu sonho for odiado. Você precisa perguntar imediatamente antes que o ódio tenha tempo de se estabelecer em sua cabeça e confundi-lo como crítica.

PERGUNTA Nº 1: QUEM DISSE?

Foi um amigo íntimo ou um completo estranho? Um colega de trabalho ou alguém passando na rua? Parece ridículo que você tenha que fazer essa pergunta, mas você tem. A maior parte de nós recebe todo ódio como se viesse de alguém que nos conhece profundamente. No calor do momento, agimos como se essas pessoas pudessem ver a profundeza de nossa alma e suas palavras carregassem a verdade.

Por exemplo, alguns meses atrás, recebi mensagens de ódio. Em vez de parar para perguntar, "Quem disse?", eu imediatamente escrevi uma longa resposta. Lutei emocionalmente por horas com isso, sem nunca responder a primeira pergunta. Se tivesse respondido, teria percebido logo que era um estranho. Alguém que nunca falou comigo, nunca me encontrou, falou comigo no Skype ou teve qualquer interação. Então por que eu dava tanto poder às palavras dele?

Quando alguém deixa um comentário agressivo no seu blog ou tuíta a seu respeito, é o equivalente a alguém passar de carro na frente da sua casa e gritar: "Detesto seu jardim! Seu coração também deve ser horroroso!". Você nunca daria ouvidos a essa pessoa na vida real. Também não dê online.

PERGUNTA Nº 2: POR QUE DISSE?

O que os motivou? Estavam expondo um ponto cego em minha vida para que eu pudesse melhorar algo que estava fazendo? Ou estão irritados com algo totalmente diferente e apenas atrás de alguém que cruze seu caminho para poderem descontar?

Parar para perguntar "por quê?" dá a você tempo de refletir antes de agir. Uma vez trabalhei com um cara que era muito raivoso e briguento. Seria fácil rotular como ódio a maneira como ele agia. Mas quando parei para perguntar, "Por que ele diz essas coisas?", descobri que a esposa dele tinha câncer de mama. Não era ódio o que fervilhava, era mágoa. Medo e desesperança. Seu ódio não tinha nada a ver comigo, tinha a ver com a terrível situação que ele enfrentava. Depois que eu soube disso, ele se tornou invisível como crítico e visível como alguém que precisava de um amigo.

Fazer essas duas perguntas é tudo o que é preciso para tornar 99% dos ataques invisíveis.

Quem?

Por quê?

Dez simples letrinhas.

Da próxima vez que for atacado, cheque se não se trata de uma crítica valiosa de alguém que está tentando ajudar você a melhorar. Uma vez que tenha identificado quem disse e por quê, é provável que você pare de se preocupar e deixe isso pra lá.

A MATEMÁTICA DO CRÍTICO

Nós já removemos 99% de todo o ódio. Sobra só 1%. Como somos eficientes! Só que há um problema: 1% é o que basta para desviar você do caminho da grandeza de volta para a média.

É uma questão matemática, na verdade, mas começa na maneira como lidamos com elogios. A maior parte das pessoas não suporta receber elogios. A primeira coisa que fazemos é tentar negar. Rejeitamos rapidamente e dizemos coisas como:

"Ah, não foi nada."

"É bem mais fácil do que parece."

"Não foi tão difícil."

Descontamos elogios e garantimos que não tenham nem um segundo para tocar o chão do caminho da grandeza que trilhamos. Nós os ignoramos e seguimos em frente.

Mas quando alguém nos insulta ou ataca o que fazemos, temos uma reação bem diferente. De repente, paramos tudo que estamos fazendo para nos concentrar no ódio.

Damos a ele nossa melhor atenção. Nosso melhor foco. Nossa melhor energia.

Essas pessoas nos sacam. Eles realmente sabem do que estão falando. Precisamos analisar bem por algum tempo o que disseram. Nesses momentos, tendemos a acreditar na matemática do crítico. E é uma formula simples, porque sou ruim em matemática. Ei-la:

1 insulto + 1.000 elogios = 1 insulto

Entendeu?

Confrontado com mil elogios e um insulto, você e eu só teremos olhos para o negativo. Parece bobagem, mas juro que é a verdade. Já vi centenas de vezes em todo o país. Quando faço consultoria para empresas você ficaria surpreso com a quantidade de tempo e dinheiro que eles gastam tentando consertar a experiência de um consumidor infeliz. Fazem reuniões com times da SWAT para tratar um problema pontual ao mesmo tempo que ignoram mil fãs que adoram o que a empresa faz.

E eu também não sou imune a isso. Enquanto escrevia este livro, meu terceiro livro, *Quitter*, tinha 160 resenhas cinco estrelas na Amazon, e três resenhas de uma estrela. Adivinha quais eu decorei?

A matemática do crítico é algo com que todos nós lutamos, mesmo pessoas que são comprovadamente especialistas em suas áreas. Larry David é o cocriador de *Seinfeld*, uma das séries de maior sucesso na história da televisão. Ele também tem um programa de sucesso na HBO chamado *Curb Your Entusiasm*. Uma noite, esperando um avião, peguei uma cópia da revista *Rolling Stone* porque ele estava na capa. Dizer, sob qualquer perspectiva, que ele é bem-sucedido seria um eufemismo.

Enquanto esperava, pude dar uma olhada em como Larry David, um dos homens com mais conquistas na televisão hoje, lida com a matemática do crítico. Ele mora em Los Angeles para filmar seu programa e, um dia, voltou para Nova York, sua cidade natal. Aproveitou a estada na cidade para ir a um jogo dos Yankees. No meio do jogo, os administradores do estádio descobriram que ele estava na torcida. Como homenagem, mostraram sua imagem no telão e tocaram a música-tema de seu programa nos alto-falantes. Que momento! O autor do texto captura tudo perfeitamente: "Um estádio inteiro cheio de fãs se levantou e aplaudiu o caso perdido do Brooklyn. Deveria ser um daqueles momentos que definem uma vida, a cena de redenção final no filme de sua história".

Até que, no meio desta tremenda vitória, a matemática do critico ergueu sua cabeçorra feia. No fim da noite, enquanto Larry estava andando até o carro, um estranho passou dirigindo e gritou: "Larry, você é péssimo!".

Adivinhe em quem Larry pensou no caminho para casa? Adivinhe de quem ele falou? Adivinhe quem dominou o dia dele?

O estranho que disse que ele era péssimo.

A matemática da crítica fez um estádio inteiro sumir. A matemática da crítica tornou cinquenta mil pessoas invisíveis. David Blaine não consegue fazer isso. David Copperfield falharia nesse truque. Criss Angel não seria capaz.

A matemática da crítica é tão poderosa assim.

Larry passou toda a viagem de volta do Bronx obcecado com aquele momento, passando e repassando em sua mente. Era como se as outras cinquenta mil pessoas, as que o amavam, não existissem. "Quem era aquele cara? O que foi aquilo?", ele perguntava. "Quem faria isso? Quem diria uma coisa dessas?"

O complicado a respeito da matemática da crítica é:

NÃO DESAPARECE INSTANTANEAMENTE QUANDO VOCÊ DÁ CERTO.

Se nesse momento você está pensando, "Se eu vender um certo número de livros ou tiver uma promoção, não vou me preocupar tanto com o que os críticos pensam", você está errado. Se você teve dificuldades com a matemática da crítica com dez seguidores no Twitter, vai continuar tendo com um milhão. Não busque o sucesso como uma maneira de vencer a matemática da crítica. Você só vai se machucar.

TODA VEZ QUE VOCÊ ACREDITA NA MATEMÁTICA DA CRÍTICA, VOCÊ A DEIXA MAIS PODEROSA.

Medo e dúvida são como músculos. Toda vez que você acredita em uma mentira, fica mais fácil acreditar na próxima.

Sabendo que é veneno, como você a combate?

Vamos dar uma olhada no fundador da Southwest Airlines, Herb Kelleher, para uma brilhante sugestão.

Ano atrás, havia uma mulher que mandava tantas cartas de reclamação para a Southwest Airlines que eles a apelidaram de "Pombo-Correio" nos escritórios da empresa. Ela odiava a ausência da primeira-classe. Ela queria uma refeição. Queria ter assentos marcados. Cartas após cartas chegavam à Southwest. A companhia se orgulhava de responder todas as correspondências de seus clientes, mas nada que diziam parecia satisfazê-la.

Sua última carta, com uma ladainha de queixas, deixou o pessoal do atendimento ao consumidor momentaneamente atônito. Eles a deixaram na mesa de Herb com um bilhete: "Esta é sua".

A maioria dos CEOs vai ler aquela carta e enviar para a cliente insatisfeita um bolo de cupons de bebidas grátis. Aliviar a dor do consumidor com um presente. Em vez disso, Herb Kelleher tirou sessenta segundos do seu dia e mandou uma mensagem de quatro palavras para a mulher. Há quatro palavras que eu quero que você mantenha em mente quando a matemática da crítica gritar. Ele escreveu: "Nós sentiremos sua falta".

Seu sonho não será para todo mundo. Sua estrada para a grandeza não vem com tudo incluído. Haverá inimigos que atirarão pedras em você do fundo da terra do Domínio. A tentação será parar em sua jornada para interagir com eles. Transformar as pedras em um altar e oferecer algo que alivie a frustração deles com você. Você será tentado a se esforçar para trazê-los para o seu lado. Ignore essa tentação. Quando encontrar a matemática da crítica, faça como Herb. Diga, "Nós sentiremos sua falta", e siga em frente para que suas palavras sejam verdadeiras enquanto você deixa os inimigos para trás.

A ÚLTIMA PARADA NA TERRA DO DOMÍNIO

No verão de 2010, fiquei vazio.

Percebendo a iminência de um esgotamento, passei dez dias desligando tudo. Não entrei nas redes sociais. Sabe o que parecia? Todos os dias de 2003. E também todos os dias dos meus primeiros trinta anos de vida. (Os parabéns que nos damos por não entrar nas redes sociais por curtos períodos de tempo são ridículos.)

A maior coisa que eu fiz foi desligar minhas ideias. Por anos acreditei ser um homem de ideias, e ter ideias novas era como eu relaxava nas férias. Ideias eram uma boa parte de minha grandeza, e parecia lógico que eu as levasse nas férias comigo. Usaria meu tempo livre para fazer *brainstorms*, concentrar-me em planos para o futuro, ler uma tonelada de livros de autoajuda ou negócios e adiantar qualquer projeto no qual eu estivesse trabalhando. Então eu voltaria de férias completamente exausto e me perguntaria por quê.

Mas dessa vez eu passei aqueles dez dias lendo só ficção. Coloquei de lado meus diários e meu iPhone. Fiz castelos de areia na praia com minhas filhas. Conversei longamente com minha mulher. Tentei não escrever poesias horríveis sobre as ondas no mar.

Foi incrível e, pela primeira vez em anos voltei para casa vazio, mas cheio de vida.

Uma semana depois contei ao meu amigo Al Andrews sobre a experiência. Ele sorriu e disse: "Nossa, que ótimo! E agora, como você faz isso terça que vem? Como faz isso no mês que vem, sem praia? Como você faz para não se matar durante cinquenta semanas no ano com a esperança de que consegue até que cheguem suas duas semanas de férias?".

Disse a ele que não sabia.

Sem pestanejar, ele disse: "Você precisa construir seu próprio Central Park".

Não tinha ideia do que ele queria dizer, então ele explicou.

"Bom", ele disse, "se você voa por cima da cidade de Nova York, o Central Park meio que parece um desperdício de espaço verde. Lá, no meio do coração daquela cidade movimentada tem um caroço de grama. Pense nos prédios e comércio e inovações que poderíamos colocar naquele espaço! Mas a cidade de Nova York sabe que, sem o Central Park, ela entraria em combustão. Implodiria e desmoronaria sobre si mesma sem aquele espaço, aquele santuário. O problema é que a maior parte das pessoas coloca prédios em todas as partes de suas vidas. Elas não têm um Central Park em seus dias ou semanas ou meses. É assim que você tem vivido, Jon. É hora de derrubar alguns prédios. Você precisa cultivar seu próprio Central Park."

O desafio dessa conversa mudou minha vida. Comecei a construir meu Central Park. Comecei a ir ao jardim botânico das cidades. Comecei a ler ficção de vez em quando. Comecei a correr mais. Comecei a derrubar alguns prédios.

Você vai trabalhar mais do que nunca na estrada para a grandeza. Vai treinar, voluntariar-se, focar, aprender um milhão de outras coisas. Mas garanta que no meio dessa aventura você não confunda "construir seu sonho" com "esgotar seu sonho". Não tenha medo de fazer uma pausa. De se afastar do que está fazendo para recobrar o fôlego. De derrubar alguns prédios. Há mais uma tensão que você precisa administrar na estrada para a grandeza: as necessidades de correr e descansar. É uma tensão importante porque há muita diversão nos esperando na terra da Colheita para nos esgotarmos antes mesmo de chegarmos lá.

E, quando chegarmos lá, vamos garantir que somos cuidadosos com uma coisa. Nossas expectativas. Se não formos honestos sobre elas, vamos estragar a terra da Colheita, do mesmo jeito que eu estraguei minha lua de mel.

Semanas antes de voarmos para a Jamaica como recém-casados, Jenny me contou uma história que definiu a semana toda para mim. Uma menina com quem ela trabalhava foi para um resort parecido com o qual nos hospedaríamos. Quando chegaram ao hotel, ela e o marido conheceram outro casal em lua de mel. Ao longo dos dias ensolarados, os dois casais ficaram amigos. Jantaram juntos, mergulharam juntos, jogaram juntos. Quando a viagem acabou, voltaram aos Estados Unidos não só com novos casamentos, mas também com novos melhores amigos.

Anos depois, eles ainda se encontravam para celebrar a amizade.

Minha noiva me contou isso de relance, mas na mesma hora comecei a alimentar uma expectativa em minha cabeça: "Jenny e eu vamos fazer amigos para a vida toda em nossa lua de mel".

A ideia só parece idiota porque é mesmo, mas, em minha defesa, é difícil encontrar casais amigos. É difícil encontrar outro casal com quem você se dê bem em tudo. Quando você acha que encontrou um com quem adore se encontrar, tanto esposa quanto marido, eles te contam que têm uma fazenda de furões chamada "Furotopia". Reconhecendo este desafio mesmo antes de me casar, decidi procurar um atalho. E eis que um apresentou-se a mim na forma de minha lua de mel.

Quem diria que a lua de mel podia ser um tesouro de amizades?

Nas semanas que antecederam a viagem, minha expectativa de que fossemos conhecer novos amigos começou a aumentar.

Não contei para ninguém; só a reguei em silêncio com esperança e tolice. Quando chegamos à Jamaica, minha expectativa já não era tão pequena e fofa. Era um monstro gigantesco. Quando entramos no ônibus que levava ao resort, comecei a encarar os outros passageiros.

Quem aqui parece que serão nossos amigos para o resto da vida? Aqueles dois ali parecem bem interessantes... Ele tem óculos de sol bacanas... Ela parece bem normal. Baseado na maneira como está sentada no ônibus. Admito que seja pouca informação, mas é o que tenho para analisar no momento.

Continuei a traçar e a planejar assim o caminho inteiro. Naquela noite, quando chegamos ao hotel, perguntei à minha mulher se havia alguém que ela queria convidar para jantar.

Ela pareceu ter sido pega de surpresa pela pergunta, como se não estivesse praticando reconhecimento de melhores amigos. Ela parecia pensar: "Sim. Você. Meu marido há 24 horas. É com quem eu gostaria de jantar".

Bom saber. Aparentemente, eu era o único comprometido com a missão da amizade. Passei o resto da semana tentando começar conversas de amizades eternas com qualquer um que olhasse em minha direção. Não foi fácil. Muita gente parecia estar distraída com seus novos cônjuges ou algo assim.

Enfim reconhecendo que já tínhamos perdido a chance com dois dos casais mais legais daquela semana – eles fizeram amizade no segundo dia, para o meu desgosto à beira da piscina – chamei um casal diferente para jantar com a gente.

Não tínhamos nada em comum com eles. Eles eram de cidades pequenas e nunca tinham estado em uma cidade grande. Quando roubaram seu carro no centro de Birmingham, Alabama, a esposa deduziu que tinham colocado uma bomba nele. As pessoas das cidades estão constantemente colocando bombas em carros usados no quinto andar dos estacionamentos. Ela não quis entrar até que o marido o inspecionasse. Que tipo de habilidades antibomba ele tinha nunca foi realmente esclarecido, mas presumo que elas se resumam a procurar bastões vermelhos de dinamite com um pavio queimando lentamente.

Soube nos primeiros cinco minutos que a noite seria longa e provavelmente não trocaríamos telefonemas quando voltássemos para casa, mas não tinha importância.

Eu estava desesperado. Minha expectativa era um monstro que tinha se transformado em exigência. E exigências sugam a beleza de onde quer que você as deixe crescer, até das luas de mel.

No voo para casa, sentindo meu espírito abatido, minha nova esposa me perguntou o que havia de errado comigo. Eu confessei meu grande desapontamento por não termos conseguido fazer novos melhores amigos em nossa lua de mel. Ela silenciosamente olhou para sua mão esquerda e tentou ver se conseguia deslizar a aliança para fora sem causar comoção.

Ela não conseguia. O diamante que eu tinha comprado era tão grande e pesado que ela mal podia erguer o braço, quanto mais o dedo. Aterrissamos. Superei o caso. Mas algo tinha sido perdido.

A alegria daquela semana tinha sido contaminada. Por mais boba que a história seja, minha expectativa teve um custo. Perdi parte daquela semana porque estava perdido em minhas expectativas. Tinha criado tanto em cima dela que ficou impossível para a vida estar à altura. Tinha criado uma versão de comercial de margarina para minha lua de mel e, no segundo que isso não aconteceu, comecei a sentir que ela tinha dado errado.

A mesma coisa vai acontecer com você na terra da Colheita se não tiver cuidado.

Quando percebemos que nossas expectativas podem ser prejudiciais, nossa resposta natural é pensar: "Expectativas estúpidas! Vou resolver isso não tendo mais nenhuma!". Mas isso não funciona. É impossível ter zero expectativa. Tente o quanto quiser, você sempre terá um fio de expectativa em cada parte de sua vida.

A outra razão pela qual não funciona é que costuma ser um movimento de proteção. Você pensa: "Vou entrar com expectativas baixas. Se elas forem atingidas ou superadas, que ótimo! Serei positivamente surpreendido. Se não forem? Não ficarei desapontado". Na superfície parece estar tudo bem, mas, com o tempo, essa abordagem tende a se transformar no pensamento de "Se eu aumentar minha esperança e ela não se tornar realidade, ficarei magoado. Então vou evitar essa mágoa não tendo mais esperanças ou expectativas. Vou me machucar antes que a situação tenha a chance de fazer isso".

Talvez você funcione diferente de mim. Talvez possa comparar suas expectativas à experiência sem se sentir nem um pouco como um fracassado, mas tenho minhas dúvidas.

Acho que você precisa de expectativas loucas. Não dá para sonhar sem criar expectativas, e elas podem ser uma fonte encorajadora de motivação. Expectativas de futuro podem inspirar você a tentar alcançar coisas que parecem impossíveis no presente. Enquanto se apronta para criar seu negócio, escrever seu livro, terminar sua faculdade ou qualquer coisa, quero que preencha seus planos com expectativas imensas e loucas. Quero que jogue expectativa atrás de expectativa na fornalha de sua vida, até que haja uma fogueira de excitação que rivalize em intensidade com o sol.

Mas depois de a expectativa ter feito a sua parte, depois que você espremeu dela até a última gota de encorajamento, quero que você a deixe na terra do Domínio para entrar na terra da Colheita.

Haverá safras que vão exceder muito suas expectativas. Haverá surpresas – boas e ruins – que você não teria como prever quando começou a estrada para a grandeza. Concordamos no começo deste livro que você não tem controle sobre a linha de chegada; só pode controlar a de partida. Bom, agora estamos rumo ao fim de nossa jornada. O que você plantou e cultivou agora dará frutos. Não estrague com expectativas não cumpridas, que você se recusa a abandonar, diante das coisas boas que de fato acontecem. E não haja como se não importasse, usando a apatia como escudo. As coisas que você colhe importam – esta é a alegria de fazer um trabalho que importa. Desfrute da Colheita.

7

COLHEITA

Assim que atravessa a fronteira para a terra da Colheita, há uma saída. O caminho é largo, a estrada é fácil, e você mal terá dado o primeiro passo na Colheita antes de vê-la clara como o dia. E, se você a analisar agora, se explorá-la neste ponto, vai desfazer toda a grandeza que colocou em movimento até agora.

Qual é a saída? No fim, é um segredo simples, e guarda a resposta para mais do que você imagina.

COMO SER UM PALESTRANTE INCRÍVEL E TAMBÉM QUASE QUAL-QUER OUTRA COISA

Quer saber o segredo para ser um palestrante incrível? Quer saber como ter mais eventos, ganhar mais dinheiro e fazer mais negócios? Quer saber como jogar na NFL[1] depois do seu ápice? Quer saber como ser incrível em quase qualquer coisa? É simples.

Não seja babaca.

---

1 *National Football League* [Liga Nacional de Futebol Norte-Americano]. (N.E.)

Se você precisa de um momento para rabiscar isso em um aviso e pendurar na geladeira, eu espero.

Essa pérola pode não ser um conhecimento novo para você, mas foi para mim. Descobri isso nos bastidores de dúzias de palestras.

Achava que o único combustível que alimentava a grandeza era o talento. Achava que se você realmente quisesse ser incrível em alguma coisa, tudo que tinha a fazer era empenhar talento suficiente ou habilidade em qualquer campo ou carreira. Mas então comecei a conversar com clientes que me contratavam para falar.

Eu fazia minha palestra, descia do palco e acabava conversando rapidamente na volta para o aeroporto. O anfitrião do evento não falava muito sobre o que eu tinha falado no palco. Não comentavam o conteúdo da minha palestra. Não citavam uma ideia que eu tinha apresentado. Em vez disso, todos diziam a mesma coisa: "Obrigado por ser tão legal!".

Acontece que há uma enorme população de palestrantes e músicos babacas viajando pelo país, o que torna meu trabalho bem fácil. Eles brigam com a equipe em eventos, recusam-se a participar de sessões de perguntas e respostas e se escondem nos hotéis em vez de tirarem fotos ou apertarem as mãos ou dançarem break. Às vezes, até se recusam a começar a falar até que a sala esteja lotada. Se este é o seu caso, deixe-me apenas dizer, obrigado. Que presente você está dando para mim e para todos os outros palestrantes do planeta que não são babacas. Você estabelece um padrão tão baixo de gentileza que um bebê facilmente pularia por cima dele.

Quando as pessoas me elogiam por ser gente boa, elas geralmente não estão se referindo a nenhum grande gesto de gentileza que eu desempenhei no palco. Não mandei buquês de flores para ninguém.

Não comprei carros nem esculpi um tronco de árvore na forma da mascote de escola de ninguém.

Eu simplesmente não fui um babaca.

Queria que fosse mais difícil que isso, mas não é.

Se você quer colher mais grandeza, não pegue a saída da babaquice, que você verá mil vezes na terra da Colheita. Siga seu curso para que, quando você chegar à terra da Orientação, haja de fato alguém a orientar.

As pessoas não gostam de trabalhar com babacas. Não fazem favores a babacas. Não ouvem babacas. Porque as pessoas não querem que os babacas vençam.

Isso é uma coisa que Terrell Owens descobriu da pior maneira. Ele é um dos maiores jogadores de sua posição na história da NFL. Só perde para Jerry Rice. Ele marcou mais de mil *touchdowns*, algo que apenas outras oito pessoas podem dizer. Ele foi Pro Bowler seis vezes. E no dia em que escrevo esta página, ele foi demitido do Allen Wranglers, time que não faz parte da NFL.

Como ele acabou lá?

Como reporta um perfil da revista *GQ*, é "duro sobreviver à reputação de veneno do time". E os executivos da NFL têm boa memória. "O problema não é o joelho dele, é a atitude", disse um executivo de um dos melhores times, que não quis ser identificado. A proporção que um dia fez valer a pena que ele fosse contratado – duas partes gênio para duas partes problema – mudou agora que ele não é mais tão rápido e não tem o corpo tão confiável. "Com T. O., não importa quão brilhante ele possa ser no campo, o lado negro está sempre à espreita. Você não sabe qual T. O. terá, e ninguém se sente bem ao correr esse risco."

Esteja você na NFL ou em uma baia, a mesma verdade sobre ser um babaca se aplica: um talento enorme com atitude ruim acaba perdendo para um talento médio com boa atitude.

E o triste é que isso tende a acontecer na terra da Colheita. Esses deveriam ser os anos em que Terrell Owens estaria colhendo as recompensas de uma longa e produtiva carreira. Estatisticamente uma das melhores da história. Ele estaria aproveitando os frutos de seu trabalho e logo se encaminhando para a terra da Orientação para ajudar outros jovens jogadores a serem incríveis também. Ou poderia estar na televisão, falando sobre seus anos na NFL e oferecendo a visão de um especialista. Há dúzias e dúzias de programas de esportes onde ele poderia estar agora, colhendo os frutos de sua carreira.

Em vez disso está sendo mandado embora do Allen Wranglers.

Não seja um babaca. Evite essas saídas a qualquer custo.

SEUS QUINZE MINUTOS PODEM CUSTAR TODA UMA VIDA

Se você conseguir passar pela estrada da grandeza sem se tornar um babaca, terá evitado com sucesso a maior saída de volta à média. Mas ainda não está fora de perigo. Há outra saída imensa escondida em todas as terras, porém mais visivelmente na Colheita. Chama-se "fama".

Em 1968, Andy Warhol disse: "No futuro, todos serão mundialmente famosos por quinze minutos".[2] Na época, isso deve ter soado absurdo, mas a internet provou que Warhol era um profeta.

Com o clique de um botão, você tem acesso ao mundo inteiro. E com um único tuíte ou vídeo viral, pode ter seus quinze – ou mais – minutos de fama. Você pode achar que a grandeza que busca não é do tipo que vai gerar alguma espécie de fama, mas você ficaria surpreso.

Mesmo que você tenha uma paixão de nicho, há pessoas pelo mundo que compartilham exatamente a mesma paixão. E se você decidir dominar e colher frutos dela, vai ganhar alguma fama, não importa quão restrita seja. Só que um pouco de fama pode fazer um monte de estrago.

O problema é que no instante em que você ganha um único fã ou seguidor, as pessoas começam a construir uma expectativa sobre quem você é. Você é o cara engraçado, ou a mãe estilosa, ou o entusiasta dos esportes, e com isso vem a expectativa de como essas pessoas deveriam agir. Você é esperto e pode gostar da atenção, então começa a corresponder a essa expectativa. Uma divisão começa a acontecer, e é sutil, mas está lá. Você agora é duas pessoas. A pessoa que realmente é e a pessoa que o público vê. Você começa a manter uma imagem pública, o que é exaustivo. Em vez de seguir de fato pela estrada para a grandeza, você constrói uma fachada que tem a cara do que parece seguir pela estrada da grandeza. E o progresso que você conquistou faz um retorno de volta para a média enquanto você fica preso correndo atrás da fama, e não mais da grandeza. Quase não coloquei esta seção no livro porque a realidade é que nem todos vocês serão famosos. É matematicamente impossível. Mas todos nós temos

---

2   WARHOL, Andy. *The Stockholm Catalog.*

as ferramentas para ter um pouquinho de fama, e isso é suficiente para estragar o sonho de muitos.

Uma vez, eu comi um cheeseburger em um pequeno restaurante em Franklin, Tennessee. Quando cheguei em casa, vi que o dono do restaurante tinha tuitado sobre minha presença lá. Não vou mentir; eu me senti bem. Mas sabe o que aconteceu na vez seguinte em que eu saí para comer? Esperei outro tuíte.

Comecei a pensar: "Quem está percebendo que eu estou aqui? Quem está me observando? Mal posso esperar para checar o Twitter quando terminar de almoçar e saber quem testemunhou minha majestade!".

Fui capaz de gerar essa quantidade de distração e insanidade a partir de um único tuíte de uma lanchonete. Quem sabe o que aconteceria se algum pedaço da grandeza que você está colhendo acabasse no jornal? Ou se você acabar na TV ou no topo de um império de blogs?

Não me entenda mal; a fama pode ser uma colheita maravilhosa, e você pode usá-la bem. Pergunte ao Bono. Mas não deixe que seja a saída que o leva de volta ao mediano.

UUUUUUhhhhh

Estraga-prazeres! Esta é a terra da Colheita! O trabalho duro foi feito. É hora de relaxar e aproveitar os frutos de nosso esforço! É hora de deixar rolar.

Só que não. Pergunte a um fazendeiro se a hora da colheita é fácil. E não confunda Colheita com aposentadoria. Não confunda Colheita com férias. Não confunda Colheita com o fim da história. Isso seria como correr uma maratona e deitar no chão para uma soneca a cem metros da linha de chegada.

Tentei fazer isso no ano passado e não deu certo para mim.

COMO PERDER 99% DO SEU PROGRESSO

O problema da escada do merecimento na terra da Colheita é que você não sabe que subiu até que cai. Não percebe o quão alto e nem quão desconectado da realidade está até que colide de volta no solo. Ou, no meu caso, perde 99% dos seus fãs no Facebook.

Em algum ponto de 2011, comecei a subir a escada do merecimento. O problema foi que comecei a ficar preguiçoso por causa do meu emprego.

Tinha recebido uma oportunidade muito especial. Em 2010, Dave Ramsey basicamente disse: "Desafio você a ser incrível". Então ele me contratou e disse: "Corra atrás". Era uma proposta intimidante sob vários aspectos. Era muito mais fácil reclamar e resmungar pelos cantos sobre tudo o que eu poderia fazer se não estivesse tão ocupado. "Eu escreveria tantos livros e palestraria em tantos lugares e perseguiria tanto meu sonho se eu tivesse tempo." Podia fazer esse tipo de declaração porque tinha um emprego que era dono de quarenta horas de minha semana.

Então Dave me contratou. Levou-me para uma companhia com trezentas pessoas e disse: "Vamos ver o que você consegue fazer".

E aí me deu preguiça.

Foi sem querer; juro que foi. Nem vi a escada. Mas antes que eu percebesse, estava no alto dos degraus, deixando o dia passar, gritando para aqueles lá embaixo, para quem pudesse ouvir: "Olhem para mim! Sou Jon Acuff! Trabalho para Dave Ramsey!".

Comecei a acreditar que outras pessoas no prédio cuidariam das coisas para mim. Minha postura virou "Sou um escritor, e só posso sujar minhas mãos com adjetivos e talvez com o traço e o travessão". Comecei a ignorar algumas responsabilidades importantes. Silenciosamente, agi como se eu tivesse uma equipe de trezentas pessoas. Como se por acaso eu tivesse construído a empresa.

Mas eu não tinha. Sou parte da equipe. Sou uma pequena, pequena peça em uma máquina muito grande chamada Dave Ramsey, não Jon Acuff. E apesar de ter dado alguns passos para dentro da Colheita, estava vendo oportunidades de safra que eu tinha colocado em ação quatro anos antes.

Comecei a deixar rolar. E, no processo, perdi 99% de meus fãs do Facebook.

Quando meu livro *Stuff Christians Like* saiu, lancei um grupo para ele no Facebook. Alimentei até chegar a dez mil pessoas. Esforcei-me, participei dele e trabalhei duro para mantê-lo andando.

Aí subi na escada do merecimento e esqueci que ele existia.

Certamente outra pessoa nos escritórios de Dave Ramsey pode monitorar isso. Sou Jon Acuff! As pessoas querem minha foto! Eu autografo Kindles. Não apenas livros, mas Kindles!

Um ano depois, após falar com um amigo que me lembrou que o Facebook é mais ou menos do tamanho do planeta e apenas pessoas estúpidas não estão usando para alavancar seus projetos, fui checar meu grupo *Stuff Christians Like*.

No topo da página, um aviso dizia: "Seu grupo foi migrado".

Oba! Pensei eu. Não sei o que isso quer dizer, mas parece ótimo! Borboletas migram para o México porque lá é bom e quente. Gansos canadenses, os pássaros mais pretensiosos do mundo, migram para o Tennessee porque raposas árticas os comem nas tundras. Migrar é sempre bom.

A mensagem do Facebook continuou: "Agora que seu grupo foi promovido ao novo formato de grupos, as informações de seu grupo velho continuam disponíveis, incluindo posts dos grupos e discussões". Até aqui, lindo!

"Os administradores do grupo antigo continuarão como membros." Cara, esse Zuckerberg pensou mesmo em tudo! Obrigado pelo cuidado.

"Apenas membros que pedirem para permanecer no grupo continuarão como membros."

Espera aí. O quê? O que foi essa última parte? O que você disse? Hmmm, essa é meio estranha, não parece um benefício. Mas quão ruim pode ser?

Então chequei o número de membros que continuaram comigo. E a resposta era: "Ruim demais".

O grupo originalmente tinha dez mil membros.

Agora tinha 23.

Não sou muito bom em matemática, mas tenho quase certeza que isso equivale a uma perda de 99%. Antes, 10 mil; e agora, 23. Karen, Leo, Nicole, eu poderia dar o nome de todos sem nem ocupar muito espaço no livro.

O grupo tinha acabado. Enquanto eu subia na escada do merecimento, um campo que tinha me custado anos para colher morreu. Tenho certeza de que o Facebook me mandou notificações. Tenho certeza de que me avisaram e deram amplas oportunidades para manter o grupo do mesmo tamanho. Mas eu estava alto demais no céu para ser importunado.

E assim perdi 9.977 pessoas do meu grupo de 10 mil.

Isso pode não significar muito para você. Talvez você tenha um milhão de pessoas em seu grupo do Facebook. Ou talvez você nunca tenha ouvido falar de Facebook e tenha comprado este livro no formato que nós chamamos de "papel". Não importa. Isso não é sobre redes sociais. Isso é sobre campos que vão desaparecer se você se encostar agora.

Se você está comprometido com a estrada para a grandeza, vai trabalhar mais do que nunca na terra da Colheita.

O GALO DA COLHEITA

Uma manhã, acordei às 4h em Indianápolis.

Não estava lá para ajudar os Colts, time de futebol da cidade, mas essa é uma boa suposição, dado o canhão que eu chamo de braço direito.

Estava em um hotel, acordando depois de palestrar na noite anterior em Grant County, Indiana. Grant County está a cem quilômetros e sete círculos de distância de Indianápolis. A maior parte dos mapas não leva os círculos em conta, mas deveriam se pegassem o mesmo táxi que eu. O motorista e eu poderíamos ver o hotel brilhando na escuridão da meia-noite. Quase podíamos tocá-lo, de tão perto que estávamos daquele Holiday Inn Express. Mas o motorista não conseguia achar a entrada. Então circulamos o prédio algumas vezes, como um tubarão cercando a presa.

Finalmente achamos a entrada, e eu fiz o check-in à meia-noite e meia. Mais ou menos três horas depois eu estava de pé para pegar um voo pra San Antonio para palestrar.

Antes de eu dar meus primeiros passinhos na terra da Colheita, não esperava tantos despertadores às 4h da manhã. Acreditei no mito de que quando você encontra sua grandeza, as coisas ficam fáceis. A vida ia fluir como um suave rio, passando por paisagens de grama de M&Ms.

Eu estava errado. Eis a verdade:

Você vai trabalhar mais em algo que ama do que em algo de que gosta.

Você vai trabalhar mais do que nunca quando começar a seguir um sonho.

Você vai correr e ralar e suar e empurrar e puxar.

Você vai acordar mais cedo e vai dormir mais tarde. Mas tudo bem. Sabe por quê?

A alegria é um despertador maravilhoso.

Vai acordar você e mantê-lo de pé e animá-lo e gentilmente empurrá-lo através de milhares de rejeições pelo caminho.

Se seu objetivo é trabalhar menos, fique na estrada da média. Faça algo de que goste mais ou menos. Acomode-se na vida como uma grande soneca de inverno e deixe rolar até os oitenta anos.

Mas se você quer sonhar, se você quer viver um talento único que recebeu para guiar seu tempo neste planeta, acostume-se com o despertador às 4h da manhã.

Vá em frente.

Levante-se.

Continue Colhendo.

OS CÍRCULOS DE APOIO DAS PLANTAÇÕES

Não seja babaca. Não seja preguiçoso. Não seja metido.

É mais fácil falar do que fazer. Como você evita o surpreendente número de armadilhas que aparecem na terra da Colheita? Você não os enfrenta sozinho. Você passa algum tempo cultivando os círculos de apoio das plantações.

E, como tudo neste livro, eles não são complicados. Na verdade, há apenas três círculos de apoio nos quais você precisa pensar enquanto segue pela estrada da grandeza.

O nível de apoio de que você precisa é maior no centro e menor nas bordas, e é por isso que começaremos por ele.

CÍRCULO INTERNO: CÔNJUGE.

O pior lugar do mundo onde você pode colocar seu cônjuge é no lado oposto do seu sonho. Quando isso acontece, quanto mais você se debruça sobre sua grandeza, para mais longe você empurra seu cônjuge. Sem nem notar como vocês chegaram a lugares tão diferentes, você começa a dizer coisas como: "Você não quer que eu vá atrás do meu sonho? É isso? Seu sonho é me fazer infeliz? Então, parabéns! Você já está realizando o seu sonho!".

Corta para pratos sendo jogados, e não a modalidade divertida que os gregos praticam em círculos de fogo nos festivais.

Estou exagerando? Talvez um pouco, mas não está longe demais de uma realidade que acontece todos os dias. A verdade é que, se você é casado, a grandeza é um esporte de equipe. Viajar pela estrada da grandeza com seu cônjuge é duas vezes mais divertido do que sozinho.

Quais são as duas coisas que você precisa fazer agora mesmo se é casado e está tentando ser incrível?

Pague com ações

As palavras não valem nada quando se trata de sonhar. E ainda assim a maioria de nós, quando confrontados com o desafio de conseguir que um cônjuge apoie nosso sonho, vai correndo atrás de palavras. Acreditamos que talvez as dez milhões que oferecemos não tenham sido as certas. Talvez as próximas dez milhões funcionem. Então falamos e falamos e falamos sobre o que vamos fazer com nossa grandeza. E esgotamos nossos cônjuges.

Sabe o que é melhor que palavras? Ação. Ações sempre vencem palavras. Ação sempre vence intenção. O que você já fez é sempre mais poderoso do que aquilo que vai fazer.

Quer que seu cônjuge o apoie? Acorde trinta minutos antes do que o resto da casa e comece a trabalhar no seu sonho. Desligue a tevê e leia vinte páginas de um livro de um especialista na área que te interessa. Pegue um segundo emprego para levantar dinheiro e dar início ao seu sonho em vez de esvaziar sua poupança.

Pague com ações se quiser que seu cônjuge acredite que sua busca pela grandeza é séria. Porque a probabilidade é que você já tenha flertado com um sonho antes. Esta provavelmente já é a trigésima-sétima vez, e no minuto em que você começa um novo, todas aquelas palavras e todas aquelas intenções que nunca seguiu vão explodir na memória dele.

Apague tudo pagando com ações. E elas precisam sair da sua conta, não da dele ou dela. Você não ganha nenhum apoio se sacrificar o tempo de seu cônjuge por seu sonho. Precisa ser seu tempo. Se você chega em casa e diz, "Para mostrar a você como esse sonho é importante para mim, vou cancelar nosso jantar fora", você não vai se entranhar mais na terra da Colheita. Vai se entranhar mais na terra das noites dormindo no sofá.

Essa ideia simples é uma das maiores razões que tornaram possível para minha esposa, Jenny, estar a bordo de uma mudança de Atlanta para Nashville. Eu tinha compilado um histórico de pagamentos com ações. Já tinha feito um milhão de outros planos que nunca tinham ido a lugar algum. Mas, por dois anos, ela me viu acordando cedo para escrever. Me viu dizer não a um monte de coisas legais das quais eu poderia ter gostado, só para poder dizer sim a coisas que eu sentia que devia fazer. Ela sabia que eu estava levando isso a sério. Não graças às minhas palavras; essas são baratas e nada confiáveis. Mas por causa de minhas ações, que são valiosas e confiáveis.

Domine o como assim, não o sim

Não fui eu que inventei isso, mas bem que queria, porque é brilhante. Um cara chamado John Woodall, em Atlanta, uma vez disse para uma plateia em que eu estava que em todo casamento há dois tipos de pessoa: a pessoa "como assim" e a pessoa "sim".

A pessoa Sim tende a ser a sonhadora. Elas aparecem com grandes ideias e grandes sonhos e planos extravagantes. Quicam pelas paredes de tanta empolgação com o que quer que seja.

A pessoa Como Assim tende a ser a estrategista. Querem detalhes e o passo a passo e a logística de qualquer situação.

Ambas são ótimas maneiras de se abordar a vida, mas quando elas se chocam, desastres podem ocorrer.

A pessoa Sim diz: "Tenho uma ótima ideia. E se nós vendêssemos nossa casa e investíssemos todo o dinheiro numa tenda de picles artesanal na parte hipster da cidade? A gente podia enrolar cada picle em um guardanapo com textos. Chamaria Picles e Poemas. Vai ser um sucesso!".

A pessoa Como Assim, querendo mostrar amor pela pessoa Sim, oferece seu ponto forte, uma série de perguntas. "Como vamos ganhar dinheiro com isso? Como teríamos plano de saúde? Como vamos conseguir licença para vender na rua? Como vamos imprimir os guardanapos? Como vamos adaptar um carro ou van para distribuir?".

Todas são perguntas legítimas, mas a pessoa Sim não as ouve dessa forma. Ouve como um ataque. E ataca de volta.

Então os dois brigam e não sonham juntos naquele dia.

Se você empilha várias dessas conversas, a pessoa Sim acaba parando de compartilhar seus sonhos. Não é que parem de sonhar, elas só param de dividir com o cônjuge Como Assim. Aqueles sonhos vão para algum lugar, muitas vezes para alguém online "que me entende". É assim que muitos casos emocionais começam, e parte da razão pela qual a palavra Facebook apareceu em um terço dos pedidos de divórcio de 2011.[3]

Para evitar que isso acontecesse no meu próprio casamento – porque era para onde eu (a pessoa Sim) e minha esposa (a pessoa Como Assim) estávamos indo – aceitamos o conselho de Woodall e começamos a fazer duas coisas.

Duas semanas de sim

Quando eu começo a discutir uma nova ideia com minha esposa, sabe o que ela diz? "Sim." Não faz perguntas Como Assim. Não lista os

---

3   Sydney Lupkin, "Can Facebook Ruin Your Marriage?", *ABC News,* em 24 de maio de 2012.

detalhes infinitos que adoraria saber. Ela simplesmente me dá o presente do Sim. Ela confia que provavelmente eu não vou fazer nada com aquela ideia. Em duas semanas, ou, mais realisticamente, duas horas, vou estar pensando em outra coisa. Então, pelas duas primeiras semanas, ganho um período de Sim gratuito. Só brincamos com a ideia sem nos preocupar com um Como Assim surgindo na conversa. Se depois de duas semanas eu ainda estiver apaixonado pela ideia, Jenny entra em cena com alguns ótimos Como Assim. Ela é um gênio, e eu sou muito abençoado por ser casado com ela. Sua habilidade de dar forma aos meus Sims é inacreditável. Uma vez ela me disse: "A gente devia trabalhar juntos mais vezes. Juntos formamos uma pessoa incrível". Em vez de uma explosão Sim/Como Assim, podemos transformar nossas diferenças em força.

Aviso do sim

A primeira coisa que digo para minha esposa quando falo para ela de uma ideia é: "Não vou vender nossa casa. Não estou pensando em esvaziar nossa poupança". Ofereço um aviso. Acontece que minha esposa é fã de estabilidade e segurança. Ela adora isso. Quem diria?

Precisei de terapia para despertar para o fato de que eu jorrava sonhos na Jenny em vez de com a Jenny. Em determinado ponto, nosso terapeuta disse: "Jon e Jenny, vocês dois têm um tremendo conhecimento do Jon". Era sua maneira educada de dizer, "Jon, cale a boca! Você está enchendo o relacionamento consigo mesmo e não pensando na perspectiva da Jenny". Então, além de aprender a ouvir, também tive que aprender a falar. E parte disso significava ser honesto sobre os "Sins" pelos quais eu estava empolgado. É impressionante o que um aviso de duas semanas pode fazer para desarmar uma situação. Saber que eu não estou prestes a me lançar em uma aventura financeira potencialmente fatal (como a agência de propaganda que eu criei) a tranquiliza. Sempre faça isso se for casado com uma pessoa Como Assim.

CÍRCULO DO MEIO: FAMÍLIA E AMIGOS

Você parou de perseguir a grandeza porque não é casado e sente que sem um cônjuge é impossível?

Que bom, é exatamente o que eu estava tentando passar. Fico feliz que o recado tenha sido dado.

Se você não é casado, seu círculo do meio se torna o círculo interno. Os anéis se tornam um, com seu melhor amigo ou membro da família se tornando sua maior fonte de apoio. A pergunta que eu mais recebo, no entanto, quando se trata de círculo do meio, é esta: "O que eu faço se ninguém apoia meu sonho?".

Talvez esta seja sua história no momento. Seus parentes, amigos, colegas, ninguém embarca no que você sente que é sua vocação. Você explica a eles e divide com tanto entusiasmo e clareza quanto pode. Mas, mesmo assim, ninguém está disposto a apoiar seu sonho.

Ou talvez você esteja em uma situação em que tem um pouquinho de apoio, mas adoraria que ele fosse muito maior.

Nos dois casos, os próximos passos são os mesmos. Você precisa dar às pessoas no círculo do meio paciência e apoio.

Paciência

A grandeza é meio estranha. Você provavelmente já percebeu. Quer dizer, entramos em uma floresta de vozes e exploramos minas de diamantes. É meio esquisito. Esse tipo de coisa não costuma acontecer na estrada da média. E esse é o problema. As pessoas entendem a média.

Todos nós entendemos como a média funciona. Estamos imersos em um mundo de média todos os dias. Se você diz a seus amigos e familiares "vou continuar na média", eles podem se perguntar por que você sentiu a necessidade de falar isso em voz alta, mas nunca o chamarão de louco.

Ninguém que busca uma vida mediana já recebeu um ameaçador alerta de fracasso de um parente. Ninguém que busca uma vida mediana jamais deixou um jantar de Ação de Graças sentindo que todos criticam sua busca. Ninguém que busca uma vida mediana foi motivo de chacota de outras pessoas medianas.

Mas, se você decide viajar pela rota da grandeza, isso vai acontecer.

Familiares e amigos não vão entender seu sonho. A resposta natural será mudar suas táticas de comunicação ou atacar. Na primeira opção, você tenta pela milionésima vez fazer o papai entender seu sonho completamente. Na segunda, você interpreta a falta de compreensão como um ataque e retribui a gentileza. Nenhum dos dois jeitos é divertido ou eficaz.

Em vez de reagir assim quando alguém não entende seu sonho, dê a eles o presente da paciência. A verdade é que eles não devem mesmo entender seu sonho 100%. Se entendessem, não seria o seu sonho; seria o deles. Eles o estariam perseguindo, não você.

Foi você quem deu mil passos na estrada da grandeza. Foi você quem teve todas as experiências. Seria impossível que outro entendesse seu sonho sem ter passado pela mesma jornada.

Entendemos isso quando se trata de outras viagens da vida.

Por exemplo, minha irmã caçula, Molly, passou cinco meses em Sevilha, na Espanha. Enquanto estava lá, correu uma maratona em Madrid. No verão, após a experiência, ela passou algumas semanas em nossa casa em Nashville. Ela contou as histórias mais impressionantes. Mostrou-nos fotos lindas, deu souvenires para minhas filhas e relatou os cinco meses para nós.

O que me fez um especialista em como é viver em Sevilha, na Espanha.

Entendi totalmente tudo que aconteceu lá. Na terceira noite de sua estada conosco, eu me levantei, coloquei a mão no ombro de Molly e disse a ela: "Pode parar. Já entendi. Entendo 100% como é para um americano viver em Madrid. Nunca dei um só passo lá, mas sei como é correr a maratona da cidade. Não precisa me dizer mais nada. Eu entendo".

Se eu tivesse dito isso a ela, minha esposa teria me dado uma rasteira e provavelmente me feito dormir embaixo do sofá da sala. Teria sido uma coisa bem idiota de se dizer, porque é impossível.

Nunca estive na Espanha. Como eu posso sonhar em entender como foi a experiência para a minha irmã? E ela só morou lá por cinco meses. Como podemos carregar sonhos em nossos corações por anos, talvez até décadas, e então esperar que nossos amigos e familiares os entendam perfeitamente?

Eles não vão.
Não se surpreenda com isso.
Não fique arrasado com isso.
Não ache que é porque você não conseguiu explicar direito.
Haverá certo grau de desconexão. É o seu sonho, não o deles.
Dê a eles paciência. Dê a eles tempo de entender o seu sonho.

Apoio

Uma das melhores coisas que você pode fazer para conseguir apoio ao seu sonho é apoiar o de outra pessoa antes. Quando você encontra uma parede de resistência ou indiferença por parte de amigos e familiares, pare de perguntar, "Como eu faço para torná-los fãs do meu sonho?", e comece a se perguntar, "Como eu posso ser um fã do sonho deles?".

Diga para a sua mãe, que não entende o que você está tentando fazer: "Já expliquei meu sonho algumas vezes, mas nunca perguntei, qual é o seu". Diga a um amigo que está tendo dificuldades em entender o que você faz: "Você sabe qual é a minha paixão, mas você tem alguma?". Diga ao namorado que acha que você é meio louca: "Acho que me deparei com algo que nasci para fazer, mas e você? Sente o mesmo por alguma coisa? Posso te ajudar de alguma maneira?".

Fazer essas perguntas pode ser esquisito no começo, porque ninguém costuma perguntá-las. Nós geralmente não nos interessamos pelos corações e esperanças dos outros. Ficamos na superfície de tantos relacionamentos que às vezes é estranho perguntar qual é a paixão de alguém. Mas tudo bem, porque há muita bondade em perguntar a alguém qual é seu sonho.

Se você quer ajuda para o seu sonho, comece ajudando outra pessoa com o dela. Se você quer apoio para sua esperança, comece apoiando a de outro. Se você quer encorajamento enquanto trabalha em sua vocação, comece fazendo o mesmo por outros.

Apoiar costuma ser a melhor maneira de receber apoio.

CÍRCULO EXTERNO: COMPANHEIROS DE VIAGEM

O círculo externo de apoio é feito de companheiros de viagem, pessoas que estão em suas próprias estradas para a grandeza. Eles podem desafiar você, motivá-lo e celebrar ao seu lado.

Desafio

As quartas-feiras, tomo café da manhã com um grupo em Nashville. Quando me mudei para a cidade, reuni esse grupo porque sabia como a estrada para a grandeza poderia ser perigosa se trilhada sozinha.

Uma manhã, estava contando a eles sobre um *tweetup* que tive. Se você nunca esteve em um, parabéns; você nunca precisou usar esta palavra horrorosa. Um *tweetup* é quando você encontra pessoas que conhece do Twitter. Promovi meu primeiro evento desse tipo em Oklahoma City e disse para todo mundo que reunimos sessenta pessoas.

Em um tom quase inaudível, falei: "Mas eu teria ficado feliz com dez!".

Meu amigo Chris Thomas imediatamente disse, "Mesmo? Você teria ficado feliz com dez?".

Fiz uma pausa dramática, algo que sempre faço em histórias que estou contando novamente, e disse: "Não, não teria. Na verdade, eu queria cem. Não estou muito satisfeito com sessenta".

Ele riu, eu ri, e então jogamos uma bola no estacionamento para quebrar a tensão daquele breve momento de intimidade.

Ele estava certo. Eu estava mentindo para parecer humilde. Estava começando a manter segredo de minhas métricas e expectativas na estrada para a grandeza. E quando Chris me mostrou um espelho naquele café da manhã, eu as vi pela primeira vez. Quando ele me desafiou, vi a estrada acidentada em que eu estava e ajustei meu rumo.

Motivação

Você sabe que vai se exercitar com mais frequência se tiver um parceiro de malhação. Vai ser menos provável que trapaceie na dieta ou falte no pilates se tem alguém passando por isso com você. Você vai acordar cedo e abrir mão dos carboidratos se tiver mais alguém mantendo a linha com você.

Se eu entendo os benefícios de ter um companheiro de exercícios, como não aplico o mesmo princípio a outras partes da minha vida?

Por que não ter um companheiro de sonho? Provavelmente porque a expressão "companheiro de sonho" é bem ruim. Mas, fora isso, é um conceito que traria resultados instantâneos em forma de motivação.

É por isso que meu amigo Stephen sempre me liga e diz: "Seja o Jay-Z". Ele está usando um código que desenvolvemos nos últimos dois anos. Ele me motiva a ser determinado e focado e trabalhador. Depois de observar Jay-Z construir metodicamente um império, ele me motiva a fazer o mesmo – com exceção do casamento com Beyoncé e do faturamento.

É bobo? Um pouco, mas não é menos bobo do que ter alguém gritando, "Você consegue! Me dê mais três!" em uma academia e esperando resultados. E nessa hora essa pessoa provavelmente vai até estar vestindo roupas justas encharcadas de suor. Isso é mais bobo ainda. Mas funciona, não funciona? Motivação de companheiros de viagem – seja na academia ou na estrada para a grandeza – é uma coisa poderosa.

Celebração

Meu amigo Brewster e eu inventamos uma mesa.

Sei o que você está pensando agora: "Claro que inventaram. Eu vi seu retrato neste livro. Suas mãos sem calos podem dizer IKEA[4], mas sua foto indica que você é corpulento e robusto e claramente sabe lidar com um serrote".

---

4   Companhia de origem sueca, com filiais em mais de 38 países, especializada na venda de móveis de baixo custo criados para serem montados pelos próprios clientes. (N.E.)

Apesar de apreciar que você tenha notado essas coisas, não é esse tipo de mesa. Não é feita de madeira. Não tem pernas e só pode apoiar uma coisa, mas garanto que é uma mesa de que todo mundo precisa.

O que é?

É a mesa do fanfarrão.

Brewster e eu a criamos depois de tomarmos café da manhã juntos por algumas semanas. Nós estávamos tentando nos tornar amigos melhores, e nos encorajar um ao outro, mas percebemos que estávamos sendo meio desonestos. Toda semana, editávamos as coisas de que tínhamos orgulho porque não queríamos soar metidos ou arrogantes. Pintávamos nossas semanas com um pouco de falsa humildade antes de compartilhar.

Mas acabamos percebendo que isso era burrice.

Empolgação não é a mesma coisa que arrogância.

Falar sobre um projeto no qual você arrasou não significa ser metido.

Comemorar conquistas ou objetivos não faz de você um babaca.

Decidimos que em todos os outros lugares da vida precisamos ser quietos. Podemos precisar minimizar as coisas ou ficar nos bastidores, mas na mesa do fanfarrão a gente torce o mais alto que pode por nossos sonhos e um pelo outro. Nos recusamos a acreditar que as duas únicas opções de um jovem líder são ser um babaca metido ou nunca falar de algo de que se tem orgulho.

Decidimos criar uma terceira opção. Um meio termo. Chamamos de mesa do fanfarrão.

Ali, no café da manhã, celebramos um ao outro e dividimos nossos triunfos sem medo de alguém dizer, "Você está se vangloriando", ou "Pare de se achar". Ser vulnerável a seus fracassos é só parte da história; você precisa ser vulnerável o suficiente para dividir seus sucessos também.

E é por isso que adorei receber uma mensagem de Brewster um dia. Dizia: "Posso usar a mesa do fanfarrão?". Respondi: "Claro!". E então começamos a comemorar por SMS um prêmio que ele tinha recebido. A mesa do fanfarrão ganhou espaço virtual!

Se você está na terra da Colheita, seja honesto. Não finja que estar empolgado com a safra que vê nesta terra é exatamente a mesma coisa que ser arrogante. Não é. Você vai precisar da sua mesa do fanfarrão.

NÃO BUSQUE MAIS EM VEZ DE BUSCAR A GRANDEZA

Um dia eu tive duas conversas com dois amigos bem diferentes. Um tinha 26 anos e era um empresário na Califórnia. O outro tinha 58 anos e era autor no Tennessee. Por fora, eles não tinham muito em comum. Mas os dois estavam com o mesmo problema, um que você também vai encontrar na terra da Colheita.

Quando as safras aparecerem na sua vida, as pessoas vão correr para o seu lado e dizer: "Mais!". Vão dizer que você poderia colher mais ou cultivar mais ou se beneficiar mais se aumentasse a produção. Se você expandisse o território, iria triplicar, ou quadruplicar sua grandeza. E eles podem estar certos, talvez você pudesse colher mais se fizesse essas coisas adicionais. Mas quando alguém diz para você, "Mais!", quero que você pergunte a ele, "Por quê?".

Meu jovem amigo da Califórnia não fez isso no começo. Sua empresa estava estourando. Ele ganhou quinhentos mil dólares em uma semana. Não sei qual é o seu salário, mas tenho quase certeza de que eu não ganhava dois milhões de dólares por mês aos 26. No meio desse crescimento, as pessoas surgiam do nada para dizer a ele: "Mais!". Que sua colheita não era nada comparada ao que podia ser. Que se ele forçasse um pouquinho mais: tentasse um pouquinho mais, expandisse aqui e crescesse ali, as coisas podiam ser ainda maiores. Ele teria mais.

Ele aceitou o conselho por um tempo, e o único "mais" que ele conseguiu foi o "mais cansado". Acabou tirando dez dias de folga no meio da loucura porque percebeu que não tinha nenhum Central Park.

Enquanto isso, no outro lado do país, meu amigo no Tennessee tinha acabado de lançar um livro novo. Estava num momento divertido da Colheita. Um jovem empreendedor ouviu falar dele e o chamou para almoçar. Durante o almoço, apresentou um grande plano para fazer o livro e a plataforma de meu amigo crescer. Meu amigo tinha tido um bom começo, mas podia ser muito mais. Se ele simplesmente fizesse as coisas certas no Twitter e nas redes sociais e talvez viajasse mais, ele seria capaz de fazer o livro realmente explodir. Ele teria mais.

Em vez de apenas concordar com a proposta, meu amigo disse o que eu quero que você diga em momentos como este: "Por quê?".

"Por que preciso fazer isso? Eu gosto do meu livro. Tenho orgulho do meu livro, e tenho vinte anos para vendê-lo e cultivá-lo. Se eu seguisse sua proposta, seria muito difícil para mim manter meu emprego, que eu amo, ou ser um bom marido e pai. Por que eu preciso de mais neste instante?"

O empreendedor ficou chocado. Ninguém responde a "Mais!" com "Por quê?". Eles simplesmente vão atrás. E se contorcem por isso. E muitas vezes acabam com muito mais coisas do que queriam no começo – a ideia de grandeza de outro, não dele.

As pessoas vão dizer, "Mais!", na terra da Colheita. Quando fizerem isso, pergunte a eles, "Por quê?". E se eles não derem uma resposta que combine com sua versão de grandeza, não mude nada.

NÃO BUSQUE CONQUISTAS EM VEZ DE GRANDEZA

Uma hora, catorze pessoas vão aparecer na sua sessão aberta. Foi o que aconteceu comigo há 24 horas em Pasadena, California.

Estava programado para fazer uma apresentação para cerca de 450 pessoas em uma conferência numa terça à noite. Mas antes faria uma sessão aberta à tarde. Não sei que número de pessoas eu presumi que iriam, mas era um número maior que catorze.

Depois de dar uns minutos a mais para que as pessoas aparecessem, comecei a sessão. Foi horrível. Primeiro que ninguém senta perto em situações assim. A sala era enorme, um lugar para provavelmente trezentas pessoas, e havia catorze ali. E as pessoas não riem quando estão sentadas sozinhas.

Normalmente, em situações assim, você deve chamar as pessoas para se sentarem juntas, mas eu fui pego tão desprevenido pela baixa audiência que me enrolei. Parte da razão pela qual eu estava tão desestabilizado era que eu podia ouvir a risada pelas paredes vindo da sessão na sala ao lado. Havia centenas de pessoas naquela sessão aberta, e a maravilha que estavam vivenciando vazava para dentro de minha salinha triste. Toda vez que eu tentava apresentar um argumento, um novo crescendo de aplausos e risadas irrompia, e eu baixava minha cabeça por um segundo até acabar.

O que deveria ser um discurso de 75 minutos virou um de 45. Enquanto pegava minhas coisas para ir embora três pessoas chegaram atrasadas e ficaram surpresas porque já havia terminado. Decidi ficar e refazer tudo para eles.

Grosso modo, foi um dia difícil, piorado pelos três meses seguidos de vitórias em que eu me encontrava. Meus últimos cinco eventos haviam sido para plateias de 5 mil a 10 mil pessoas. Estava começando a me concentrar em minhas conquistas. Olhe para mim! O grande palestrante!

De repente, o tapete foi puxado debaixo dos meus pés. Não teria sido tão ruim se eu pudesse ter recuado. Se eu pudesse ter entrado em um voo de volta para casa fingindo que um saquinho de amendoins era comida suficiente para viajar de uma ponta a outra do país. Mas eu não podia fazer isso.

Três horas depois do fracasso da sessão aberta, tive que fazer minha apresentação. Tinha que voltar para o palco no salão principal e falar para a conferência inteira.

Enquanto ia para o hotel trocar de camisa, pensei em como as conquistas são um combustível ruim. Não que não sejam legais. Não que não devam ser celebradas ou compartilhadas na mesa dos fanfarrões. Não que você não deva almejá-las, mas apenas que elas não devem ser sua motivação principal. Não podem ser o motivo pelo qual você faz o que faz. Não podem ser a gasolina que faz você se mover por sua estrada para a grandeza. Porque um dia, no meio da Colheita, alguma situação vai desmoronar.

Você vai esperar que cem pessoas venham ao seu evento, mas só catorze vão aparecer. Vai esperar que um vídeo seu se torne viral, e ele não vai. Vai esperar vender mil cópias do seu livro, e não vai. E você não terá tempo de encontrar uma nova conquista para recarregar seu ânimo.

Você terá que dar outro passo, começar outro emprego, voltar para o palco e fingir que você não está falando para 436 pessoas que escolheram não ir à sua sessão aberta três horas antes. Sabe por quê? É hora de começar a ser incrível. Se você teve duas ou duas mil pessoas na abertura de sua loja, no dia seguinte é hora de ser incrível. E no dia depois de amanhã.

Você precisa amar o ato da grandeza.

Escrever, vender, cantar, correr, gerenciar um negócio. Qualquer que seja o ato, é ele que precisa abastecer você pela terra da Colheita.

Mesmo que você colha mil conquistas durante seu tempo nessa fase, trate-as como recompensas pelo que você faz, não as razões pelas quais você o faz.

NÃO TEMA A COLHEITA

O medo do fracasso, apesar de largamente discutido e analisado, é altamente superestimado. Não é o medo mais assustador que existe. Muito mais assustador e surpreendente quando ataca você na terra da Colheita é o medo do sucesso.

Até mesmo a frase parece um pouco ridícula: "Medo do sucesso". Isso nem faz sentido. Não foi o sucesso a razão pelo que viemos lutando todas essas semanas, meses ou anos? Não foi sempre esse o objetivo? Agora que ele finalmente começa a aparecer na terra da Colheita, como podemos ter medo?

Em 1915, Sigmund Freud tentou responder essas perguntas em um ensaio em que teorizou sobre a "surpreendente e até desconcertante" tendência de algumas pessoas a desmoronarem "precisamente quando um desejo profundamente enraizado e há muito acalentado se realiza... como se não fossem capazes de tolerar a felicidade."

Que armadilha terrível, tentar desesperadamente alcançar algo e destruir tudo quando isso acontece.

Elissa Sklaroff, uma terapeuta da Philadelphia que trata de executivos com medo do sucesso, continua esta linha de pensamento. "Estar à beira do sucesso traz uma crise", ela escreveu, "e todas as nossas neuroses vêm à tona. Em algum nível, as pessoas com medo do sucesso estão fugindo da mudança – especialmente de ter que mudar sua autoimagem secreta de alguém que não é merecedor."[5]

Acontece que nossos "eus" secretos, aquele que decidimos ser no início desse livro, não são merecedores nem bem-sucedidos.

É como eu me sinto alguns dias. É uma questão histórica. Por trinta anos fui uma bagunça. Sei ser uma bagunça e ninguém espera nada de uma bagunça. Tudo que esperam de você é que estrague as coisas. Fracasso se torna mais do que uma eventualidade; torna-se sua identidade. Média se torna seu endereço. Quando meu primeiro livro foi lançado e as pessoas começaram a me chamar para falar em público, foi um pouco aterrorizante. O uniforme de herói pesava mais do que o de vilão ou vítima. Sei como desempenhar esses papéis. Sei como falhar e sentir pena de mim mesmo. Medo e dúvida vão tentar encorajar você a acreditar que ainda é a vítima ou o vilão, porque temem que você chegue à terra da Orientação e ajude outras pessoas em suas estradas. Mas se você acha que você é o vilão ou a vítima, não vai ajudar os outros. Vítimas não orientam. E vilões? Eles espalham a dor, não a esperança.

O sucesso era novo, desconhecido e não me cabia muito bem. Vi-me muitas vezes querendo voltar à média onde tinha passado todos aqueles anos anteriores. Lá, eu me sentia mais em casa do que na grandeza. Se você passa tempo demais onde quer que seja, se acostuma com aquilo.

Para alguns de vocês, isso não fará nenhum sentido. Fico feliz por isso. Talvez você saiba a verdade sobre quem você é, e fracasso não seja uma identidade que você tenha aceitado. Mas, para outros, dá saudade de casa estar na terra da Colheita.

Às vezes temos medo do sucesso porque, se uma área de nossas vidas se torna incrível, isso nos força a lidar com a área que realmente tememos. Vamos procurar qualquer distração da questão com a qual não queremos lidar. Se pudermos destruir nosso sucesso, ainda teremos algo em que nos concentrar para evitar que olhemos para o que realmente nos machuca. Pode evitar que comecemos de novo em outra coisa.

---

5   Anne B. Fisher, "Are You Afraid of Success?", *Fortune*, em 07 de agosto de 1992.

Há um exemplo poderoso disso no filme *Buck*. *Buck* é um documentário sobre Buck Brannaman, o homem em quem o livro *O encantador de cavalos* é livremente baseado. Quando era criança, Buck e seu irmão eram estrelas de rodeio com um pai rígido. Reconhecidos em todo o país por sua habilidade com a corda, Buck e seu irmão pareciam ter a vida perfeita. Fora dos holofotes, no entanto, seu pai os espancava sem dó. Enfim, um treinador da escola viu os ferimentos em Buck e seu irmão e prometeu a eles que ninguém nunca mais faria isso com eles. Anos depois, Buck se tornou famoso por seu incrível dom para treinar cavalos sem nunca apelar para a violência.

É um documentário maravilhoso, cheio de grandes verdades, mas o momento mais interessante é quando uma mulher traz um cavalo incrivelmente perigoso para Buck treinar. O garanhão está fora de controle, coiceando violentamente, e acaba mordendo o ajudante de Buck na cabeça, causando um rasgo.

Buck fala com a dona e pergunta sobre o cavalo. Ela diz que ele é um de dezoito garanhões que vivem em sua fazenda. Sem acreditar que a mulher pudesse ter mais de um garanhão em sua propriedade, Buck vai direto ao assunto:

> Você é louca de ter tantos garanhões juntos, moça, estou te dizendo. A maioria das pessoas não precisa de um, e você não precisa de dezoito deles. Não sei o que você está tentando provar. E se você tem coisas demais em sua vida, provavelmente muita coisa é muito mais grave que este cavalo. Você devia ser membro da equipe SEAL ou algo tão arriscado quanto você queira. Por que não aprende a aproveitar sua vida? A vida é curta. Esse cavalo diz muito sobre você. Ele é o retrato aumentado da realidade. Talvez haja coisas que você deva aprender sobre si mesma.

Ela desmorona, e você tem a sensação de que a questão nunca foi o cavalo. Era sobre alguma outra ferida. Alguma parte de sua vida estava tão crua e perturbada que o único jeito de ignorar era criar uma parte mais louca ainda. Se ela tivesse vendido aqueles cavalos, estabelecido uma fazenda de sucesso e colocado aquela energia toda em sua casa, seria forçada a admitir que havia um elefante na sala. Mais adiante no filme, ela dá uma entrevista chorando e diz: "Ele está certo. Quer dizer, ele tem razão. Eu... sabe? Ele está certo. Não é só o cavalo. Ele está certo sobre minha vida".

Aquela quantidade caótica de cavalos era o esconderijo perfeito de alguma outra parte da vida dela. Se tivesse conseguido sucesso com os garanhões – uma impossibilidade na essência – o esconderijo teria sido revelado.

Essa é a mesma razão que me fez ter um chilique por causa de um hífen.

Meu livro *Quitter* estava prestes a ser lançado. Palestras estavam começando a aparecer. As oportunidades estavam se multiplicando, e parecia que eu estava entrando em uma temporada de Colheita. Instintivamente, tentei pisar no freio e jogar uma chave-inglesa no processo. Comecei a ter ataques sobre se a capa devia ou não trazer um hífen na palavra *best-selling*. Tirei fotos de livros em aeroportos e as enviei para meus colegas de equipe. Mandei emails para pessoas contando minha preocupação, e bati o pé durante uma longa e arrastada batalha sobre o hífen.

Eu não queria que o livro saísse. Tinha medo do sucesso e fazia de tudo para atrasar o processo. E em vez de lidar com meus problemas, que o lançamento do livro estava expondo – acreditar secretamente que eu havia sido feito para fracassar – pendurei tudo que podia em um hífen.

Felizmente, ninguém mordeu minha isca. Recusaram-se a acreditar em meus protestos de que a decisão sobre o hífen teria um impacto significativo no número de livros vendidos. O livro foi lançado. E eu tive que encarar algumas coisas das quais vinha fugindo há anos.

Era mais fácil me esconder quando eu estava em um emprego que não amava e não perseguia nenhuma grandeza. Podia dizer coisas como: "Um dia vou escrever um livro. Um dia darei uma palestra. Um dia vou atrás desses sonhos". Até que esse dia chegasse, eu podia ignorar todas as outras questões da minha vida. Eu tinha uma meta com que me distrair. Mas depois que eu tinha escrito um livro e feito algumas palestras e experimentado algum sucesso, de repente havia espaço na minha vida. Na terra da Colheita, você vai descobrir que há espaço e convite para continuar explorando quem você é e quem você deve ser. Isso pode ser assustador. Mas não fuja disso. Não tenha medo da Colheita. E não lute contra ela. Debruce-se sobre ela e saiba que, em muitos aspectos, sua aventura de grandeza está apenas começando. É por isso que cada colheita inaugura um novo começo.

8

ORIENTAÇÃO

Um amigo certa vez me disse que todas as grandes histórias têm as mesmas quatro partes:

Inocência
Inocência perdida
Lidando com a perda
Resolução

Ele então me mostrou como todo filme de sucesso segue essa linha. Pegue *Toy Story 3*, por exemplo. Na primeira cena, os brinquedos são usados para brincar – a definição deles de inocência. O dono, Andy, então vai para a faculdade, e eles se veem jogados em um saco de lixo – perda da inocência. Então eles vão parar em uma creche, mas há um vilão por lá, com quem eles devem lidar. O filme finalmente termina com os brinquedos vivendo com uma nova criança que vai brincar com eles como Andy fazia – resolução.

Eu acho que essa explicação funciona perfeitamente para filmes e séries de TV porque no final os créditos aparecem na tela. As luzes são acesas, o público vai para casa e a história termina. Mas conosco não é assim. A menos que estejam lendo este livro em voz alta no seu velório, sua história ainda tem muitas cenas faltando. Mas se você não é cuidadoso, se você acha que o medo está sorrateiramente seduzindo você a voltar para a mediocridade, você vai ficar empacado na terra da Orientação. Você vai acreditar na mentira de que uma viagem apenas pela estrada da grandeza era suficiente. Você pode até pensar que uma Colheita era tudo o que você seria capaz de ter. Você estava errado.

COMO TRANSFORMAR UMA MANCHETE EM UM EPITÁFIO

Como já mencionei, em novembro de 2009, os leitores do meu blog ajudaram a levantar sessenta mil dólares para a construção de duas escolinhas no Vietnã.

Minha parte favorita da história é o quão rápido eles conseguiram levantar os primeiros trinta mil dólares. Se você se lembra, 2009 não foi o melhor ano da nossa economia. Casas eram vendidas por uma mixaria, a indústria do financiamento imobiliário estava implodindo e o desemprego estava crescendo. Naquele cenário, nós nos atrevemos a tentar levantar os primeiros trinta mil para um vilarejo que ninguém conhecia, em um país que a maioria de nós nunca teve a chance de visitar.

Nós pensamos que meta levaria semanas para ser atingida. Você sabe quanto tempo levou? Dezoito horas. Todos os trinta mil dólares foram levantados em menos de um dia. Se você não leu meu blog naquela segunda-feira, você perdeu. (Foi por isso que decidimos levantar mais trinta mil dólares para uma segunda escolinha).

Foi um momento divertido que rendeu uma grande manchete no *Atlanta Journal-Constitution*. "Blogueiro levanta 30 mil dólares em 18 horas".

Mas três anos depois eu havia transformado a manchete no epitáfio de um túmulo na terra da Orientação.

Eu não queria ficar preso na terra da Orientação, mas ninguém me alertou de que o padrão da história que meu amigo contou é, na vida real, incompleto. Ninguém me disse que depois de "Resolução" vem "Uma nova história".

Então, em vez de começar de novo, eu me senti muito confortável na terra da Orientação. Eu contei a história da arrecadação dezenas de vezes para dezenas de plateias. Eu sabia a quais partes dar mais dramaticidade. Eu tinha o número certo de piadas para espalhar para que a história não ficasse pesada. E então eu perguntaria à plateia: "Vocês sabem quanto tempo levamos para levantar o dinheiro?". Então eu faria uma pausa perfeita e deixaria a tensão subir antes de gritar, "Dezoito horas!". (Só uma vez alguém da plateia respondeu a minha pergunta com um palpite dizendo "Três horas!" antes que eu pudesse revelar o número real. Eu dizer então "Dezoito horas", depois desse palpite inacreditavelmente otimista de três horas, foi como um balde de água fria.)

Era uma história maravilhosa, e com o passar das semanas, meses e anos, tornou-se parte arraigada de quem eu achei que era.

Eu não percebi o que estava acontecendo até que chegou a hora de contar uma nova história. Minha mulher e eu queríamos começar um projeto novo. Fizemos alguns menores nos anos seguintes, mas nunca embarcamos em outro grande projeto. Uma noite eu disse à minha mulher que estava pronto. Estava pronto para começar de novo. Estava pronto para levantar 25 mil dólares!

Quando contei isso a ela, houve um silêncio na sala. Acho que ela estava fazendo umas contas de cabeça. *Ok, o primeiro projeto levantou 60 mil. No próximo projeto nós vamos nos esforçar de verdade e levantar 25 mil!* Depois de alguns segundos, ela falou isso em voz alta. Em sua maneira sucinta, que já levou um leitor a perguntar, "Quando sua mulher vai escrever um livro?", ela me disse: "Te desafio".

Oh, Bryan Adams, o amor corta como uma faca! Ela me ganhou. Eu não decidi levantar 25 mil dólares porque achei que era o número mágico ou porque achava que era o quanto a organização precisava. Eu peguei 25 mil porque achei que não conseguiria levantar o mesmo valor que da outra vez e no processo acabaria matando a manchete que transformei em um mito, e, em última instância, em meu epitáfio. Eu escolhi 25 mil porque achei que poderia facilmente superar aquilo e ter uma manchete nova: "Blogueiro levanta 25 mil em 4 horas!". Parabéns para mim! Podemos parar aqui por um momento e analisar a minha falta de senso de ridículo?

Eu estava baseando esse novo projeto de construir um hospital no Vietnã na habilidade dele de proteger meu ego. Eu não sei o que você fez hoje que pode ser considerado covarde, mas certamente não foi ruim como aquilo. No mínimo, você deveria se sentir melhor sobre sua vida ao ler este livro.

Ao perceber o que eu estava fazendo com o projeto de 25 mil dólares, minha mulher e eu decidimos nos recompor e descobrir novas maneiras de fazer parcerias com organizações para encarar projetos ainda maiores no futuro.

Como, afinal, fiquei empacado na terra da Orientação? Como levei dezoito meses para aprender, focar, dominar e criar uma ideia para construir uma comunidade online que levanta fundos, apenas para cair na mediocridade quando tudo já havia sido dito e feito?

Medo e dúvida.

Apesar de já termos acertado esses inimigos no rosto mil vezes durante nossa jornada, eles se recusam a nos dar um passe livre em qualquer território, especialmente no último.

Mas pelo menos eles são consistentes; pelo menos sabemos o que eles vão nos contar na terra da Orientação. Pelo menos não vamos nos surpreender quando eles tentarem argumentar usando os dois lados da moeda.

O CICLO DOS COMEÇOS

Meu amigo John Crist é um comediante. Ele fez turnês internacionais, abriu shows para alguns nomes de peso e tem muitas das peças necessárias no lugar certo para manter uma longa carreira. Mas ele ainda fracassa. Ele ainda tem noites em que as risadas são escassas e as provocações abundam. Uma noite, no meio de sua apresentação, ele disse à plateia: "Eu me importo com o meio ambiente; é por isso que a serra elétrica que eu uso para cortar árvores é movida a energia solar". Uma mulher na plateia parou a apresentação para discursar sobre a impossibilidade de uma serra elétrica ser movida a bateria solar. Acontece que ela vinha de uma família de lenhadores.

À medida que você vê John perder o público no vídeo daquela noite, seu rosto parece dizer: "Mesmo? De todos os cenários improváveis que eu contei nesta noite na forma de piadas, é a serra movida a energia solar que vai acabar com esse momento?".

Como você se prepara para a presença de uma agressiva filha de lenhadores na plateia? Você não se prepara. Então, em algumas noites, John fracassa. Isso é parte da comédia, e enquanto conversávamos sobre isso ao telefone um dia, percebi que isso era parte da Orientação também.

John me contou que a melhor parte da comédia é que ele não precisava ficar carregando os fracassos por muito tempo. Eu perguntei o que ele queria dizer. Ele explicou:

> Um fracasso machucaria muito se eu me apresentasse uma vez por mês, ou a cada dois meses. Haveria uma janela de trinta a sessenta dias para eu conviver com aquele fracasso. Eu carregaria aquilo por todas aquelas semanas e seria muito pesado. Mas com a comédia, se eu fracassar na apresentação das 19h, só tenho de levar aquilo por uma hora, até a apresentação das 20h. Não há tempo para me definir quando começo de novo tão rapidamente.

John aprendeu que se ele pode encurtar seu ciclo de começos, fracassos não têm tempo para defini-lo. No fim da noite, o que aconteceu às 19h não importa tanto quando ele se apresenta com sucesso às 20h e às 21h. Ele começa tão frequentemente que a sombra de um dos fracassos é minúscula se comparada a todas as oportunidades de sucesso.

O mesmo princípio se aplica ao sucesso. Se você não começa de novo, se você não divide o que aprendeu com outros viajantes e retorna à terra do Aprendizado para um recomeço, os sucessos de ontem vão começar a definir seu hoje e amanhã. Em vez de apenas comemorá-los, o que deve fazer, você vai começar a protegê-los – para manter o mito. E você vai ter medo de começar de novo por medo de perder sua identidade bem-sucedida. Foi por isso que fiquei parado na terra da Orientação. Eu não recomecei rápido o suficiente por medo de perder minha identidade de sucesso.

Esse é o brilhantismo do medo e dúvida. Se sua primeira tentativa na estrada para a grandiosidade não gera os resultados que você espera, eles vão te dizer: "Viu, nós te avisamos que isso tudo era uma perda de tempo. Você fracassou! Você pertence à mediocridade".

Por outro lado, se você experimenta algum sucesso e chega à terra da Orientação, medo e dúvida vão sussurrar: "Não se vá. E se isso foi apenas um momento de sorte? E se a próxima aventura não for tão bem-sucedida quanto esta? E se você não puder manter esse momento? Não tente de novo".

Foi o que aconteceu com outra amiga minha. Ela assinou um contrato para publicar dois livros. Chegou à terra da Orientação e até me ajudou com conselhos quando eu estava começando. Mas ela nunca conseguiu voltar de dentro de si mesma. Seu primeiro livro saiu em 1995. Ela me contou uma ideia maravilhosa para um segundo livro em 2001. Mais de uma década se passou, e ainda não há livro em vista.

A verdadeira tragédia da "maravilha de um sucesso só" não é quando alguém lança uma música de sucesso e nunca mais tem outra canção popular. Neste caso, eles ainda estão fazendo música; só não vendem mais tantos discos. Ainda estão vivendo sua definição de grandeza. Ainda estão dividindo seu dom.

A verdadeira tragédia de uma maravilha de um sucesso só é quando alguém alcança o sucesso uma vez e nunca mais tenta.

Não importa quais sejam as suas circunstâncias, se você quer ser mais incrível, precisa começar de novo. Isso começa na terra da Orientação, quando você passa a ajudar outros em suas próprias jornadas. Continua quando você volta para a terra do Aprendizado com algo novo para começar. Apesar de parecer grande, o vão entre as terras da Orientação e do Aprendizado é surpreendentemente pequeno.

AS TERRAS SEM FRONTEIRAS À FRENTE

"Tenho um desafio e preciso da sua ajuda."

Esse foi o e-mail que me levou ao escritório de Dave Ramsey 72 horas antes de a turnê de seu novo livro começar. Ele não escrevia um livro novo havia sete anos.

Ele visitaria mais de vinte cidades em trinta dias. Voaria pelo país para falar com dezenas de milhares de pessoas. Toda nossa empresa estava firmemente unida, como uma mola pronta para um enorme salto.

E o desafio que Dave tinha naquele momento não tinha nada a ver com o livro.

"A razão pela qual fazemos tudo isso são as pessoas por aí que precisam de esperança. Durante a turnê do livro, adoraria ouvir a história de todo mundo e passar tempo com eles, mas, se fizer isso, não vou poder atender as pessoas no fim da fila. Com duas mil pessoas por evento, como faço para que todos saibam que sua história importa para nós?"

Às vésperas de um projeto que desenvolveu durante anos, quando muitos líderes estariam perguntando, "Como eu faço para as filas andarem mais rápido?", Dave perguntava: "Como eu posso servi-los melhor?". Ele estava perguntando: "Como eu garanto que aquela mulher de Ohio, que perdeu a casa e está aos prantos, saiba que estamos aqui para ajudar?".

Isso não era algo que ele estava fazendo no palco, para as câmeras ou por qualquer tipo de publicidade. Éramos ele e eu sozinhos em seu escritório, falando sobre a terra final na estrada da grandeza. Orientação.

O segredo que Dave conhece e que levei anos para entender é este: ajudar os outros a viver melhor é muito mais divertido do que ficar obcecado em viver melhor a sua própria vida.

A grandeza sempre é viral.

A alegria é contagiosa.

Quando você encontra algo que ama fazer, não pode evitar querer ajudar os outros a encontrar o que eles amam fazer também. Quando a sombra da memória da média sumir da sua mente e a verdadeira disposição da grandeza for revelada, você vai querer que todos saibam. É sempre assim que a grandeza progride.

Ninguém usa sua nova concessão da vida para tornar a dos outros pior. Ebenezer Scrooge[1] correu por toda a cidade nevada quando ganhou uma segunda chance na vida. Em *A felicidade não se compra*, George Bailey correu pelas ruas quando ganhou uma segunda chance na vida. Se o ditado "Gente magoada magoa" é verdade – e eu acredito que é – então o oposto também é verdadeiro. "Gente ajudada ajuda."

Você pode não ser um professor. Você pode achar que não é um líder. Você pode ter sido egoísta a vida inteira até dar seu primeiro passo na estrada da grandeza (eu fui). Mas ao desfrutar sua primeira Colheita e cruzar para a terra da Orientação, você vai começar a sentir o estrondo da pergunta: "Como eu ajudo outras pessoas a fazerem isso?".

Para responder a essa pergunta, primeiro você terá que jogar três mitos da Orientação para escanteio. Esta frase soa um pouco como o nome de uma novela que combina as questões de uma dinastia moderna baseada em Nova Jersey com os problemas dos gregos antigos em anos há muito passados. *Mitos da Orientação: Onde Sócrates encontra Secaucus*. A Orientação, felizmente, não será tão dramática e, na maioria dos casos, tende a vir naturalmente. Você pode não ter percebido, mas está orientando desde que deu o primeiro passo na estrada para a grandeza. Porque tudo o que é preciso para orientar é estar um passo à frente de alguém.

Quando você estava na terra do Aprendizado, amigos que ainda estavam presos na média observavam você. Você os orientou mesmo sem querer. Quando você estava na terra do Foco, os familiares que estavam atrás na terra do Aprendizado monitoravam o seu progresso. Alguns foram inspirados por seu progresso. Quando você estava no Domínio... acho que você sabe onde eu quero chegar. São cinco terras; isso continuaria para sempre.

---

1   Personagem da novela *Uma canção de Natal* [*A Christmas Carol*], de Charles Dickens. (N.E.)

Pessoalmente, não tenho uma grande trajetória quando se trata de Orientação. Meu ponto baixo foi provavelmente quando eu fui pego furtando em uma loja no caminho de um grupo de jovens da igreja no nono ano (tive uma pitada do que você pode chamar de "hipocrisia" na minha vida). Aquela ligação da polícia não foi divertida para mim, nem para o meu pai nem para o pastor. Desde então, no entanto, aprendi como ir além dos três mitos que tendem a segurar as pessoas na terra da Orientação.

MITO Nº 1: VOCÊ NÃO DEVE ORIENTAR ATÉ SE SENTIR PRONTO.

Um dia, conheci um artista que queria trabalhar em novos projetos. Ele me disse: "Quero ajudar pessoas no cinema cristão, mas não tenho nenhuma experiência nisso". Perguntei a ele o que ele estava fazendo no momento. Ele respondeu: "Fiz um monte de gráficos para os filmes dos *Transformers*, e atualmente tenho minha companhia de design, com cerca de cinquenta empregados". Tentei segurar a risada. "*Transformers*? Você trabalhou nos gráficos dos *Transformers* e acha que não tem experiência para entrar na área de gráficos dos filmes cristãos?".

Eu imediatamente liguei para meu amigo Scott, que dirige a conferência ECHO em Dallas, e em questão de dias meu novo amigo Sean estava agendado para fazer uma sessão aberta. Por que Sean não via como estava qualificado e pronto para orientar outras pessoas?

Porque ninguém consegue ver isso em si mesmo. O talento que temos mais dificuldade em reconhecer é o nosso. Como o autor Derek Sivers diz, a maneira como você vê o mundo é "óbvia para você" mas muitas vezes "extraordinária para os outros".[2] Você não vê isso porque enxerga assim há anos, se não por toda a vida. Mas para outras pessoas? Sua grandeza é fresca, nova e merece ser compartilhada. Não se sente preparado para orientar? Tudo bem; ninguém sente. Oriente mesmo assim.

---

2   Derek Sivers, "Obvious to you. Amazing to others", (vídeo do YouTube). Em 19 de abril de 2011.

MITO Nº 2: VOCÊ SÓ DEVE COMPARTILHAR SEUS SUCESSOS.

Às vezes eu falho. E quando isso acontece, digo as seguintes palavras: "Isso também vai ser publicado". Costumava ser "Isso também vai passar", mas então eu aprendi uma coisa com os leitores do meu blog sobre dividir meus fracassos. As pessoas se identificam com eles. É provável que tenham tido os seus próprios. É provável que tenham achado que eram os únicos. Mas os outros também podem aprender com sua experiência. Se você compartilha honestamente seus fracassos, as pessoas muitas vezes podem evitar que o mesmo aconteça com elas. Se você pisou em um buraco e se machucou, ajuda se avisar as outras pessoas para não pisarem lá.

A tentação, é claro, é apenas contar seu sucesso. Do palco, como palestrante, ou na frente de casa, como vizinho, é muito mais confortável contar uma história na qual você toma uma decisão sábia. E na qual você parece ser o mocinho. Você vence. Lute contra essa tentação. Atingimos a lotação máxima para orientadores que só recontam os erros que cometeram vinte anos atrás. Temos gente suficiente no Facebook nos dizendo como suas vidas são perfeitas. Temos mais celebridades criando vidas em realidades fictícias do que podemos suportar. O que falta são pessoas que, quando falham, dizem: "Isso também vai ser publicado".

Precisamos de gente que, em vez de dramatizar o fracasso, em vez de o glamorizar ou compartilhar de maneira inapropriada, simplesmente faça a seguinte pergunta: "O que eu aprendi com esta experiência que pode ajudar outra pessoa?". Você também não precisa de um blog para "publicar". A publicação para você pode significar um café com um amigo, ou um telefonema para um parente. Todos temos a chance de publicar todos os dias de um milhão de jeitos diferentes.

Isso não significa que você deva levar essa ideia ao extremo e passar a acreditar na mentira de que "o fracasso é a melhor maneira de aprender". A Orientação envolve compartilhar tanto seus fracassos quanto seus sucessos. O sucesso é, na verdade, o melhor jeito de aprender. É também o jeito mais divertido de aprender. O problema é que você precisa se perguntar, "Como?", depois de um sucesso. Como aquilo funcionou? Como foi um sucesso? Como foi uma vitória? Sucesso que você melhora e compartilha com os outros é sempre um professor melhor do que o fracasso.

O fracasso pode ensinar boas lições? Sem dúvida. Mas não acredite na versão romanceada do fracasso que nossa cultura adora propagar. Perder seu único cliente é horrível. Perder sua casa é horrível. Ser demitido é horrível. Você certamente vai aprender algo com essas experiências, mas ter um negócio de sucesso, um emprego de sucesso e um monte de clientes bem-sucedidos vai ensinar muito mais do que o fracasso jamais poderá; desde que você pare, pergunte como, e então divida esses resultados com as pessoas que orienta.

MITO Nº 3: TODO MUNDO DEVE ORIENTAR EXATAMENTE DO MESMO JEITO.

Ao longo dos últimos três anos, eu mantenho uma conversa telefônica mensal com meu amigo Mike Foster. Ele está alguns anos à minha frente na estrada da grandeza, e generosamente divide sua sabedoria em nossas longas e regulares conversas. Por volta do segundo ano, comecei a sentir que talvez eu devesse retribuir. Talvez devesse marcar algumas conferências telefônicas com gente mais jovem que eu e orientar da mesma maneira que Mike fazia comigo. Minha esposa, que é mais esperta e um centímetro mais alta do que eu, me fez a pergunta que eu tanto tenho feito a você neste livro: "Por quê?".

"Por que você acha que por ele tê-lo guiado dessa maneira você precisa orientar outra pessoa exatamente do mesmo jeito? Você odeia telefone. Você não é tão bom com compromissos. Sua habilidade em manter um compromisso profissional de longo prazo é, no mínimo, irregular. Seu ponto forte é ajudar um monte de gente a começar. Invista nisso, e não simplesmente replique o que Mike faz bem se não é o que você faz bem."

Ela estava certa. Às vezes, em nosso desejo de retribuir, achamos que temos que dar exatamente como recebemos. Mas a Orientação, assim como todas as outras terras deste livro, não é tamanho único. Talvez um encontro semanal para um café em logo prazo seja como você precisa orientar alguém. Talvez um blog onde você compartilha ideias que aprendeu seja como você orienta alguém. Talvez uma discussão mensal com um grupo de seis pessoas seja como você deva orientar. Há um milhão de maneiras de orientar. Encontre a que funciona melhor para você e a coloque em prática. Muito.

COMO ORIENTAR

O desejo de ajudar os outros é um subproduto natural da grandeza. Ser um ótimo orientador, infelizmente, não é. Como todas as outras fases, Orientação requer disciplina e sabedoria.

Se você combateu os mitos e se sente pronto para ajudar alguém em seu caminho para a grandeza, há três jeitos simples de começar.

FAÇA UMA PERGUNTA.

A melhor maneira de garantir que você vai falhar em algo novo é tentar ser um expert no primeiro dia. Apesar de vermos o absurdo desta atitude em atividades físicas como correr – ninguém acorda um dia e, sem nunca ter corrido, completa uma maratona na mesma tarde – em outras áreas, muitas vezes acreditamos que devemos ir de zero a cem quilômetros por hora em questão de segundos.

É o que acontece com a Orientação. Nunca guiamos ninguém antes e, no entanto, um dia sentimos essa necessidade. Procuramos a definição de tutoria e pensamos: *Só preciso encontrar alguém necessitando do meu conselho e encorajamento. Vamos tomar café todas as manhãs pelos próximos sessenta anos, criar o tipo de amizade que faz você querer pular em uma granada pelo outro, e então seremos enterrados lado a lado no cemitério.*

O peso dessa tarefa parece esmagador, e deve mesmo, então é melhor desistir antes mesmo de começar.

Mas não você. E nem eu. Não vamos entrar na Orientação assim. Tudo o que vamos fazer é uma pergunta a uma pessoa.

Disseram para mim uma vez que o segredo da humildade é lembrar que as coisas não são sobre você. "As coisas" significando o mundo, o dia, o bate-papo na impressora da empresa, o trânsito parado etc.

Meu amigo falou que, para acreditar que as coisas não são mesmo sobre você, é preciso acreditar que todos os outros são mais interessantes que você. A pessoa que limpa seu quarto de hotel, o cara ao seu lado no trânsito, o executivo que senta perto de você no avião. Todo mundo.

Achei que essa era uma característica impossível de se ter e, honestamente, um conselho meio idiota. Parecia o tipo de coisa que as pessoas secretamente arrogantes dizem quando fingem que são humildes. Todo mundo é mais interessante que você? Por favor. Já conheci pessoas chatíssimas; você também. Como posso achar todo mundo mais interessante?

Parecia uma grande bobagem, mesmo quando ouvi mentes brilhantes como Jim Collins falarem exatamente sobre isso. Uma vez, quando estava procurando conhecimento sobre como ser um professor melhor, Jim Collins ouviu do professor de Stanford, Jim Gardner: "Parece-me, Jim, que você passa tempo demais tentando ser interessante. Por que não investe mais tempo sendo interessado?"[3]

Mas ainda assim eu não entendia.

Até que, em um voo noturno para Denver, tudo finalmente fez sentido.

Como assim? Bom, eu sempre tive acesso a mim. Estou comigo o tempo inteiro. Não posso fugir de mim mesmo. Estou comigo 24 horas por dia, sete dias por semana. Mas a mulher no avião, que é professora de universitários com necessidades especiais, e está indo para casa encontrar sua irmã gêmea e o resto da família que se preparam para receber de volta o irmão que estava no Iraque como piloto de caça? Provavelmente nunca vou ver de novo.

Ela tinha uma história muito interessante. E eu nunca mais vou ouvir de novo a não ser que faça a ela uma pergunta e então ouça o que ela tem a dizer.

---

3   Jim Collins, "Good to Great and the Social Sectors: Why Business Thinking Is Not the Answer" (excerto). Novembro de 2005.

A maioria das pessoas em quem você esbarra em um dia comum só estará ali por um minuto. E então se vão, desaparecem com o resto do dia. E você só tem um momento para ouvir suas histórias, um segundo para fazer uma pausa em sua vida atarefada e ouvir a de outra pessoa e talvez até contribuir com alguma orientação. Seu acesso é incrivelmente limitado. E eles são mais interessantes que você. Eu juro.

Isso cobre interações com estranhos, mas e as pessoas que você vê toda hora? Colegas, amigos, familiares. Por que são tão interessantes?

Você já conhece as histórias deles. Já ouviu dúzias de vezes. O que eles poderiam dizer? Bom, o colega de trabalho que de tão sarcástico é praticamente intratável, você o conhece? Ele também está no seu escritório? Estava no meu. Ele vai chorar no almoço quando você perguntar como vai, porque acontece que ele está saindo do caos de um segundo divórcio, e está exausto por carregar essa história sozinho. É muito pesada. E ele ficaria feliz em dividi-la, se você não estivesse tão concentrado em achar que tudo é sobre você.

Não é.

Se você perguntar algo a alguém, o mais comum é que eles respondam com uma história que vai surpreender você, fazê-lo rir, chorar ou um milhão de outras coisas. O mais comum, seja um bate-papo com um estranho em um avião ou com um colega que você conhece há anos, é que a pergunta que você faz dá início a uma conversa. E a orientação sempre começa com uma conversa. Quer orientar? Faça uma pergunta a alguém.

AMARRE A ORIENTAÇÃO A ALGO COM QUE VOCÊ JÁ SE IMPORTE.

Por meses, meu amigo Stephen e eu tentamos tomar café da manhã juntos regularmente. Estamos ambos mais ou menos no mesmo momento da vida e podíamos nos beneficiar de alguma orientação mútua. Por meses, não conseguimos.

Algo sempre aparecia. Nossas semanas ficavam repletas de afazeres. Era difícil ter uma rotina fixa, até que amarramos aquele momento de orientação a algo inesperado: a academia.

Em vez de marcarmos um café da manhã, decidimos malhar juntos. Decidimos que duas a três vezes por semana nos encontraríamos na academia às 6h15. Passaríamos 45 minutos conversando e nos exercitando. Isso pode parecer uma mudança pequena, mas o nível de sucesso tem sido tremendo.

Ainda somos as mesmas pessoas com semanas cheias, mas ligar a orientação à academia mudou tudo. Porque nós dois sabemos que precisamos nos exercitar regularmente. Nós não precisamos comer panquecas regularmente. Ambos já estavam interessados em exercícios. E ir à academia de duas a três vezes por semana é algo que se pode fazer sem ficar estranho. Comer no Cracker Barrel três vezes por semana com a mesma pessoa é estranho. De quanto xarope de bordo alguém precisa?

Não sou o único que faz isso. Minha esposa faz caminhadas de dezesseis quilômetros com sua amiga Emily algumas vezes por semana (eu não achava que isso contava como exercício até que tentei e quase morri). Outras pessoas fazem aulas de artes juntas, ou fazem trabalho voluntário em um abrigo de animais juntas. Se você quer ser bem-sucedido como orientador, não tenha medo de unir isso a algo que já lhe interesse.

Apesar de a orientação ser uma consequência natural da grandeza, não vamos nos enganar achando que todas as manhãs, para o resto de sua vida, você vai acordar animado para ajudar os outros. Em algumas manhãs, meu desejo é que minhas calças não estejam tão justas a ponto de um botão pular e acabar matando alguém. Isso me leva à academia, não ao desejo de orientar alguém. Mas, uma vez lá, sempre fico feliz por eu e Stephen nos esforçarmos para ajudar um ao outro na estrada para a grandeza.

ESCOLHA SEUS LOCAIS COM CUIDADO.

Na terra do Foco, deixamos nossas paixões com um foco bem apurado. A Orientação requer o mesmo nível de intencionalidade, a não ser que você queira se sentir como um babaca por alguns anos.

Essa foi minha experiência inicial ajudando os outros. Depois que meu primeiro livro saiu, as pessoas começaram a me perguntar sobre como escrever um livro. É uma coisa legal, mas eu a tratei de maneira casual demais.

Eu não era cauteloso com os lugares onde dava orientação. Tentava ajudar as pessoas em qualquer lugar e acabava não dando certo em lugar nenhum.

Não conseguia responder a todas as perguntas no Twitter, e isso fazia me sentir um babaca.

Não conseguia responder a todas as perguntas no meu blog, e isso fazia me sentir um babaca.

Não conseguia responder a todos os e-mails que recebia, e isso fazia me sentir um babaca.

Acontece que a melhor maneira de sempre errar o alvo é nunca estabelecer um.

Você ficará atolado em oportunidades de orientar outras pessoas. Talvez não no começo. Foram meses e meses até que um estranho me pedisse para tomar um café comigo para me ouvir. Mas vai acontecer, e quero que você esteja preparado, com alguns limites estabelecidos, para que possa fazer o maior bem possível.

Estabeleci limites simples para mim.

Não dou conselhos longos e detalhados no Twitter, porque não é uma mídia longa e detalhada. Quando alguém me manda um tuíte dizendo, "Você pode, por favor, me ensinar a escrever um livro?", é impossível cumprir este pedido com sucesso em uma resposta de 140 caracteres. Tentar, e então sentir-se mal pelo inevitável fracasso, é um desperdício de tempo e energia.

Não saio para café da manhã, almoço ou cafezinhos todos os dias. Uma vez ouvi um pastor dizer: "Adoraria sair para tomar café com todos vocês, mas aí eu jamais teria tempo de fazer as coisas que fazem vocês quererem tomar um café comigo. Como estudar, ler, pesquisar e ajudar pessoas com as quais já me comprometi". Em vez disso, tenho um horário de almoço todas as sextas para estranhos que me pedem orientação. São, potencialmente, 52 almoços com pessoas novas por ano. Em vez de deixar isso flutuar pela minha agenda e me enrolar, sei exatamente quando estou disponível.

Também desaponto as pessoas certas. Aprendi este truque quando me inscrevi para algo chamado "Ímpeto do Guerreiro". É uma pista de obstáculos de cinco quilômetros que envolve lama, água e capacetes Vikings. Inscrevi-me meses antes da data da corrida mas, 24 horas antes, decidi não ir.

Por quê? Porque é importante desapontar as pessoas certas na vida.

Por anos, achei que se vivesse uma vida perfeita, podia fazer todo mundo feliz e nunca desapontar ninguém. Sei que é um pensamento tolo, mas gente que gosta de agradar, como eu, é constantemente intoxicada com expectativas assim.

Mas no dia anterior à corrida, percebi uma coisa: eu ficaria fora da cidade pelos três finais de semana seguintes. Faço palestras nos eventos de Dave Ramsey, e íamos visitar três cidades diferentes.

Tinha uma escolha a fazer. Eu podia desapontar minhas filhas – que precisam de orientação – e dizer: "Olhem só, no sábado antes de viajar por três sábados seguidos, eu vou passar cinco horas numa corrida em vez de ficar com vocês". Ou eu podia desapontar meus amigos e dizer: "Preciso furar o Ímpeto do Guerreiro".

Decidi desapontar meus amigos.

Em vez de ir à corrida, passei o sábado todo com minha esposa e filhas no jardim botânico. Foi um dia ótimo, e eu senti na hora que tinha tomado a decisão certa.

Quando você orienta, vai desapontar gente que quer seu tempo, sua análise ou sua presença. E muitas vezes você não vai poder dar essas coisas a eles. Mas tudo bem desapontar gente, desde que você tenha a certeza de estar desapontando (e orientando) as pessoas certas.

A maior lição, para mim, foi não dizer sim a coisas que teria que acabar dizendo não. Quando meus amigos me chamaram para a corrida, eu deveria ter olhado em minha agenda, visto a viagem agendada e dito não. Mas eu não queria desapontá-los. Meu sim inicial apenas amplificou o desapontamento de eu acabar dizendo não 24 horas antes do evento.

Não minta por educação, como dizer "Vamos tomar um café um dia", quando você não pretende fazer isso. Escolha seus pontos de orientação com cuidado, e então os cumpra.

CORREDORES RÁPIDOS

Você precisou começar a Orientação com uma simples pergunta. Então você a amarrou a algo que já o interessava, e escolheu seus locais com cuidado. Mas e agora, como sabe que está orientando? Como sabe se está ajudando os outros? As outras terras tendem a ter sinais discerníveis. E a orientação?

Acho que a melhor maneira de saber se você está mesmo ajudando as pessoas é observar o ritmo de quem está correndo com você.

Nas Olimpíadas de 2012, o queniano David Rudisha estabeleceu o recorde mundial dos 800 metros rasos. À primeira vista, nada muito surpreendente. Diversos recordes foram estabelecidos durante os jogos, e muitas pessoas ganharam medalhas de ouro. Usain Bolt recebeu muito mais mídia do que Rudisha. Mas, de várias formas, a corrida de Rudisha foi muito mais surpreendente. Não pelo que ele conquistou, mas por como inspirou os outros corredores que estavam disputando com ele. Sete dos oito corredores estabeleceram seus melhores tempos da carreira durante essa corrida. O último colocado foi o mais rápido da história dos últimos colocados da modalidade.

David Symmonds, um americano, chegou em quinto, o que não é nada demais até que você olhe os livros de história. O quinto lugar de Symmonds teria dado a ele a medalha de ouro em 2008. E em 2004. E em 2000. Na verdade, o quinto lugar de Symmonds teria garantido a medalha de ouro em todas as Olimpíadas, menos uma, desde 1896.

Por que tantos atletas foram capazes de conquistar tanto na mesma corrida?

Alguém estabeleceu o ritmo um pouco à frente deles. Ou, como disse o jornal inglês *Guardian*: "Rudisha puxou a área atrás dele, como uma lancha liderando sete esquiadores".[4]

Os outros corredores não puderam fazer outra coisa a não ser melhorar seu desempenho naquela noite. A busca de Rudisha pela grandeza era contagiosa.

---

4   Andy Bull, "David Rudisha breaks world record to win Olympic 800m gold for Kenya", *Guardian*. Em 09 de agosto de 2012.

Você pode não se sentir qualificado a orientar. Mas, por favor, saiba que na terra da Orientação você tem a chance de fazer algo ainda mais importante.

Você tem a chance de mudar o mundo.

Você nunca pode mudar o mundo antes de mudar sua vida. Agora que você já atravessou quatro terras e está na quinta e última, mudou sua vida significativamente. É hora de mudar o mundo.

As pessoas estão erradas quando pensam que ir atrás de seu sonho é uma coisa egoísta. Como se talvez ser mediano fosse um ato de humildade. Como se, quem sabe, desperdiçar os talentos que você recebeu fosse uma prova de que você é um indivíduo atencioso.

Não é.

"Se você está destinado a curar o câncer ou escrever uma sinfonia ou desvendar a fusão a frio e você não faz isso", afirma Steven Pressfield, "você não apenas prejudica a si mesmo, até destrói a si mesmo; você prejudica seus filhos. Você me prejudica. Você prejudica o planeta. O trabalho criativo não é um ato egoísta ou um apelo por atenção. É um presente para o mundo e todos os seres que estão nele. Não nos prive de sua contribuição. Dê-nos tudo que tem."[5]

EIS O QUE VEM POR AÍ

1. ENCONTRE ALGUÉM PARA ORIENTAR.

---

5   CALONIUS, Erick. *Ten Steps Ahead: What Separates Successful Business Visionaries from the Rest of Us.*

2. LEVE OUTRA PARTE DE SUA VIDA DE VOLTA AO COMEÇO E MAIS UMA VEZ VIAJE PELA ESTRADA DA GRANDEZA.

É isso.

Essas são as únicas coisas que, de fato, fazemos na terra da Orientação.

Acabamos de falar sobre o primeiro passo. Esse é bem fácil. No máximo, a parte mais difícil será escolher quem guiar. As pessoas que percebem que você não é mediano tendem a querer levá-lo para um café e perguntar: "O que você tem de diferente?".

A segunda, na verdade, é um convite para a fonte da juventude. Acontece que ela não fica na Flórida; fica na estrada para a grandeza, em qualquer estado ou país que você viva.

O único jeito de continuar jovem é continuar aprendendo. Isso não é uma hipérbole de ultimo capítulo. É ciência. No livro *Ten Steps Ahead*, Erik Calonius escreveu: "Apesar de o número de neurônios no cérebro humano diminuir com a idade (como já se foi dito muitas vezes), o número de conexões sinápticas pode crescer enquanto estivermos vivos. Se continuarmos usando nossa massa cinzenta, podemos fazer nosso cérebro ser melhor a cada dia".

Os neurocientistas Steven Quartz e Terrance Sejnowski contam: "'Nascer de um jeito' não equivale a 'ser desse jeito para sempre' [...] Suas experiências no mundo alteram a estrutura do seu cérebro, assim como sua química e expressão genética, muitas vezes de maneira profunda durante sua vida."

O mais encorajador – já que a primeira terra na viagem para a grandeza é o Aprendizado – é o que o neurologista da New York University,

Joseph LeDoux, tem a dizer sobre a questão: "Aprender nos permite transcender nossos genes".[6]

Em outras palavras, a terra do Aprendizado pode manter você mais jovem do que seus genes dizem que é.

Ciência à parte, é fácil olhar para o fim da vida de alguém e ver quão importante é seguir pela estrada da grandeza.

Penso no avô do meu amigo Ben. Ele era um veterano condecorado da Segunda Guerra que se tornou um jogador de futebol americano universitário eleito para o College Football Hall of Fame. Então ele teve um consultório médico incrivelmente bem-sucedido e largamente respeitado em San Diego por 44 anos. Depois de ter sido forçado a abandonar o consultório porque estava "velho demais", aos 77, ele imediatamente começou a decair. Em dois anos, estava morto. Quando perguntei a Brent a respeito, ele simplesmente disse: "Acho que ele morreu porque não conseguia encontrar outra coisa para recomeçar".

É por isso que minha avó faz Tai Chi. Ela pode ter nascido há 85 anos, mas tem 22 em idade de Tai Chi. É novinha nessa estrada específica para a grandeza. Sabe que, no fim, a estrada é um círculo, não uma linha reta. Ela vai dominar o Tai Chi? Vai orientar alguém um dia? Não sei, mas eu não sabia também que ela ia passar nosso telefonema natalino inteiro perguntando sobre um leitor do meu blog que faz muitos comentários. O nome dele é Michael, e ela estava um pouco preocupada com ele. Acontece que ela tem 22 anos no universo dos blogs também.

Não tenho certeza do que você precisa para voltar à estrada da grandeza, mas sei que isso funciona com outras coisas além de sua carreira ou paixão. Casamentos incríveis passam pelas mesmas cinco fases. Nenhum casamento incrível é acidental, nunca. Empresas incríveis também atravessam as cinco terras. Steve Jobs foi um gênio do Foco, reduzindo toda a oferta de produtos da Apple a apenas quatro linhas brilhantes. Famílias incríveis seguem também pelos cinco estágios. Famílias medianas são a regra; famílias incríveis seguem um mapa.

---

6   PRESSFIELD, Steven. *The War of Art: Break Through the Blocks and Win Your Inner Creative Battles*.

Espero que você tenha dado um soco na cara do medo. Espero que você tenha fugido da média. Espero que tenha descoberto quais são seus diamantes e começado a trabalhar no que importa. Espero que tenha descoberto que a porta do propósito estava destrancada esse tempo todo.

E, quando você avaliar sua vida e descobrir mais uma coisa que pode ser ainda mais incrível, espero que faça o que vou fazer assim que terminar de escrever esta frase.

Comece de novo.

E agora?

AÇÃO É SEMPRE MELHOR QUE INTENÇÃO

Qualquer um pode sonhar. O difícil é realizar. Por onde começar? O que fazer em seguida? O que vai evitar que você volte para a estrada da média?

Isto.

Isto aqui vai.

Nestas páginas estão passos práticos e táticos para tomar. Alguns são simples, como escrever uma ideia em um post-it; outros são mais detalhados, como monitorar seu tempo por 72 horas. Mas cada um é desenhado para dar um tranco no início de sua viagem para a grandeza. É aí que a inspiração encontra a instrução, a esperança encontra o trabalho duro, o sonho encontra a ação.

Vamos lá.

DÊ UM SOCO NA CARA DO MEDO

1. Compre um diário. Você vai andar em círculos a não ser que documente sua experiência.

2. Responda à pergunta: "O que as vozes do medo e da dúvida na minha cabeça estão dizendo?". Toda vez que você topar com uma delas, escreva.

3. Tire sarro de todos os medos que tiver anotado. Se você tem medo de perder o emprego e nunca mais conseguir outro caso lance um novo projeto no trabalho, escreva. Exagere esse medo da maneira mais louca possível para que possa ver quão bobo ele é. "Se o projeto falhar, serei demitido e entrarei na lista negra de toda a indústria. Todas as empresas, de todos as cidades em todos os países se recusarão a me contratar. Ficarei desempregado para sempre e vou ter que deixar crescer uma barba muito louca e colecionar gatos."

4. Quando acabar de rir de seus medos, faça com que eles encarem a realidade. Ao lado de cada um, escreva o que é verdade (por exemplo, "Todo mundo vai rir de mim se eu tentar este novo sonho". Verdade = "Meus amigos não vão rir. Minha irmã não vai rir. Acabo de provar que 'todo mundo' é mentira".). (Veja páginas 62-64 para mais exemplos de como eu faço isso.)

5. Procure padrões em suas vozes. O medo sempre gosta de fingir que é novo a cada vez que aparece. Não é. É provável que você possa identificar quatro ou cinco medos primários na raiz de cada voz.

6. O medo se disfarça de novidade porque quer que você perca energia procurando novas maneiras de combatê-lo. Agora que sabemos que você já o viu antes, podemos procurar uma ferramenta bem-sucedida que já usamos no passado para combatê-lo. O que já funcionou para você antes e poderia funcionar hoje?

7. Identifique um "amigo espelho", alguém que possa refletir de volta a você a verdade de sua experiência. Esse amigo vai ouvir você e então vai ajudá-lo a enxergar sua situação como ela realmente é.

8. Compartilhe as vozes de medo e dúvida com seu amigo espelho, ou com alguém em quem confie.

9. Acha que você é o único que ouve determinada voz de medo? Visite *nomorevoices.com* e veja que não está sozinho. Encontre

sua voz e a divida com uma comunidade de pessoas que estejam na estrada da grandeza como você.

10. O medo é esquizofrênico; sempre tenta argumentar com os dois lados da moeda. Vai dizer que você não pode ir atrás de certo sonho ou que, se for, precisa ser perfeito. Quebre as pernas dele escrevendo suas contradições (por exemplo, "É tarde demais para ir atrás de seu sonho" e "Você deve ir atrás de seu sonho mais tarde").

FUJA DA MÉDIA

1. Se vamos fugir da média, precisamos saber onde sentimos que a média se infiltrou em nossas vidas. Faça uma "auditoria da média". Analise as sete áreas-chave de sua vida: física, espiritual, financeira, familiar, social, intelectual e carreira. (Vamos precisar desta lista quando chegarmos ao passo 6 desta seção.)

2. Seja brutalmente realista a respeito de suas circunstâncias atuais. Liste suas dívidas atuais (por exemplo, empréstimos, financiamento da casa, cartão de crédito etc.). Liste os papéis que você exerce atualmente (pai, marido, treinador etc.). Liste ainda os ativos atuais que podem contribuir com seu sonho (diploma universitário, blog, rede de amigos, especialidade na área etc.). O objetivo disso é pintar uma imagem mais clara e honesta de onde você está no momento. (Veja páginas 34-40 para mais informações sobre este princípio.)

3. Seja loucamente irrealista a respeito de suas circunstâncias futuras. Nós daremos dúzias de passos em direção ao nosso sonho nas próximas semanas, mas, agora, apenas escreva livremente todas as coisas loucas que gostaria de fazer (por exemplo, você nunca tocou guitarra, mas, algum dia, quer tocar para milhares de pessoas em um imenso auditório). Tudo o que você listou no passo 2 não existe.

4. Reconheça que SEMPRE haverá tensão em sua vida entre os passos 2 e 3. Cheque a temperatura das coisas regularmente para

garantir que seu pêndulo não está pendendo demais para o lado errado.

5. Uma das primeiras coisas que acontecem quando escapamos da média é que encaramos a "grande muralha do propósito". Com qual das cinco mentiras do propósito, listadas nas páginas 43-44, você sofre mais? (1. Todo mundo, menos você, sabe exatamente qual é seu próprio objetivo; 2. Você terá apenas um objetivo; 3. Você deveria ter descoberto seus objetivos aos 22 anos; 4. Um propósito muda tudo instantaneamente; 5. Você deve saber qual é a linha de chegada antes de dar a partida.)

6. Todo grande final começou com um pequeno passo. Olhando o resultado de sua "auditoria da média", qual é a área em que você quer fazer um pequeno começo? Tendemos a ver a montanha inteira primeiro, não o primeiro passo. Escreva uma lista de passos que você pode dar (perder meio quilo, atualizar uma área do seu currículo, chamar uma pessoa para sair etc.).

7. Escreva "Um pouco é melhor que nada" em um Post-it e coloque em seu despertador, computador ou geladeira. Quando o medo disser que você não tem tempo de correr sete quilômetros hoje, e portanto não deveria se dar o trabalho de correr três, lembre a ele que "um pouco é melhor que nada".

8. Pergunte a uma pessoa bem-sucedida em sua vida se no começo da jornada ela sabia exatamente onde estaria hoje. Se ela responder: "Não, claro que não", dê um abraço e siga em frente encorajado. Se disser: "Claro que sim! Eu previ isso há anos!", continue procurando alguém honesto.

9. Apoiar-se nos ombros de um gigante é um dos jeitos de acelerar sua jornada pela estrada da grandeza. Quem em sua vida, neste momento, pode ser um gigante? Alguém que já viajou pela mesma rota em que você está e pode dar alguns conselhos?

10. Escreva ao gigante da sua vida um bilhete de agradecimento hoje. Nada mata as toxinas do ego como a gratidão, e todos nós já fomos ajudados por pelo menos uma pessoa em nossas vidas.

11. Antes de entrar na terra do Aprendizado, tenha certeza de estar com os pés no chão. Você subiu a escada do merecimento em alguma área da vida? Se perguntasse a seus amigos se você está na escada do merecimento, o que eles diriam?

A TERRA DO APRENDIZADO

1. Faça uma auditoria de 72 horas, descrevendo em seu diário blocos de meia hora de como você gasta seu tempo ao longo de um período de três dias (dois dias úteis e um de fim de semana). Por exemplo: Segunda-feira, meia hora indo para o trabalho, oito horas trabalhando, uma hora de almoço etc. (Se tiver paciência de anotar uma semana inteira, melhor ainda.)

2. Revise o resultado de sua auditoria e encontre sua "5h da manhã", que são os trinta minutos que você pode resgatar para trabalhar em seu sonho todas as semanas.

3. Perceba imediatamente que há mais do que trinta minutos disponíveis. Resgate quanto tempo quiser.

4. Crie uma imagem clara de por que você está acordando cedo ou indo dormir tarde para trabalhar em seu sonho. Por exemplo, eu odeio acordar cedo. Mas acabo indo para a cama mais cedo se lembro que isso significa que posso escrever mais pela manhã, o que adoro fazer. Seja superclaro sobre a recompensa que há por trás deste trabalho. Escreva em seu diário, "Estou sendo egoísta às 5h da manhã porque _____".

5. Faça uma lista de todas as coisas que você não vai fazer agora porque está concentrado em coisas que importam (por exemplo, "Vou levar 48 horas para responder emails em vez de 24 horas porque vou trabalhar em meu plano de negócios em vez de ficar obsessivamente checando minha caixa de entrada"). Não sinta vergonha ou culpa se derrubar algumas bolas. Derrube-as de propósito.

6. Derrube seu avião. Responda à pergunta, "Se eu morresse hoje, o que me arrependeria de não ter feito?". Anote de uma a cinco

respostas. Se tem mais, tudo bem; você só precisa de mais tempo no Foco (página 77).

7. Pegue sua lista do passo 6 e se pergunte honestamente, "Essas são as coisas em que tenho gastado meu tempo no momento?". Se a resposta for sim, ótimo. Se a resposta for não, se pergunte, "Por que não?". O que está impedindo você de fazer essas coisas?

8. Responda à pergunta, "O que eu não posso deixar de fazer?" (páginas 81-82).

9. Seja um estudante de si mesmo. Lembre-se do maior sucesso que teve com um projeto, ideia, dieta ou objetivo. O que aprendeu sobre a melhor maneira como trabalhou naquela situação que pode ser aplicada a esta? Exemplo: fui capaz de perder peso quando tinha um time de pessoas torcendo por mim. Se vou me esforçar para ser incrível em _____, preciso reunir um grupo de apoiadores para conseguir sucesso (página 83).

10. Pegue o que aprendeu no passo 9 e aplique todas as táticas daqui para a frente. Se você trabalha melhor com poucos detalhes, use ainda menos do que os que sugiro. Se trabalha melhor detalhadamente, vá além dos que eu sugiro. Customize esta seção do livro de acordo com seus pontos fortes.

11. Identifique um experimento pequeno e não vital que possa fazer esta semana com seu sonho (páginas 88-89). Começar um blog é um bom exemplo. Eu, começando uma agência de publicidade com um semiestranho, sou um mau exemplo, porque isso se mostrou fatal para nossa amizade.

12. Dê a si mesmo uma boa quantidade de bondade pelos momentos em que inevitavelmente vai tropeçar e acabar voltando à estrada da média. A perfeição dirá que isso não acontece com mais ninguém. É mentira. A perfeição não é o objetivo, nem mesmo é possível. A grandeza é, e mesmo a grandeza comete erros no caminho.

A TERRA DO FOCO

1. Faça esta pergunta primeiro: "O que me dá mais alegria?". Não pergunte "O que eu faço bem neste momento?", ou "O que vai me dar mais dinheiro?", ou "O que vai dar menos trabalho?".

2. Qual sonho para você seria, na verdade, um banco de parque? Qual sonho seria sua versão do Frisbee golfe (páginas 97-98)? Por exemplo, eu escrevi cópias técnicas para empresas durante anos, mas isso era um banco de parque para mim. Era um trabalho bom e pagava bem, mas não era algo que se encaixava no que eu sentia ser minha vocação.

3. Complete a frase: "Isso nunca daria certo, mas eu sempre quis _____".

4. Encontre um antimentor – alguém que seja como você nunca quer acabar sendo. Escreva o que há na vida dessa pessoa que você teme que aconteça na sua. Com a resposta, quais são os passos óbvios que você pode dar para garantir que isso não aconteça? (Observação: Nunca diga a alguém que ele é seu antimentor. Por algum motivo misterioso, as pessoas não gostam disso.)

5. Escreva uma lista de seus diamantes (por exemplo, família, amizades, trabalho etc.) (páginas 106-107).

6. Agora faça uma lista de suas pedras (zerar os e-mails da caixa de entrada, cuidar do quintal, manter contato com os amigos etc.).

7. Escreva a mesma lista, mas agora use a auditoria de tempo que você fez na terra do Aprendizado como guia. Há alguma grande discrepância entre quais você acha que são seus diamantes e quais sua agenda diz que são? Se sim, o que você quer fazer a respeito?

8. Você já buscou diamantes alheios? Você já buscou o sonho de outra pessoa porque tinha medo de buscar o seu? Garanta que o sonho no qual você está focando é o seu, não o de sua mãe, seu pai, ou de um professor que disse "Você seria bom em _____".

9. Suba na torre de observação e escreva um "parágrafo do sucesso louco" para cada diamante que identificou nos passos 5 e 7. Se você

tivesse total sucesso com cada ideia, qual traria mais alegria à sua vida (e, consequentemente, à de outros)?

10. Responda às "perguntas do alpinista". O que você continuaria fazendo mesmo se não houvesse ninguém para aplaudir? O que você faria mesmo que não ganhasse um dólar por isso? O que você faria mesmo se não rendesse um segundo de holofote? (páginas 115-116)?

11. Crie sua própria gangorra. Se você tivesse que escolher duas paixões e colocá-las cada uma de um lado da gangorra, qual você gostaria que vencesse (páginas 113-114)?

12. Faça uma "lista para mais tarde" para guardar todas as boas ideias que você pode explorar na próxima vez que der um foco em sua vida.

13. Escreva um parágrafo descrevendo quem seu "eu secreto" realmente é (páginas 116-117).

A TERRA DO DOMÍNIO

1. Admita que você se sentiu como a única pessoa que leu este livro e não foi capaz de achar só uma coisa que queira dominar. Perceba que não é verdade e siga em frente com as táticas.

2. Descubra se há uma maneira de se voluntariar em algum lugar para se aperfeiçoar em sua área de paixão. Se a resposta for sim, decida se tem tempo para isso.

3. Decida se há um trabalho de meio período que você pode pegar para ajudar você a avançar pela estrada da grandeza. Não descarte isso de cara se seu objetivo não é ligado à carreira. Se seu motivo é perder peso, um trabalho que o force a ser fisicamente ativo pode ser uma boa combinação.

4. Analise sua vida e decida se já houve algo que você vivenciou e o fez pensar: *Eu poderia fazer isso melhor.* Foi o começo de um sonho que precisa ser explorado, como o motorista de táxi nas páginas 123-126, ou só uma observação fugaz?

5. Encontre e vá a um evento sobre o assunto que você está tentando dominar.

6. Estabeleça um objetivo de "treino" para o mês. Anote todos os treinos que fizer e o que aprender com a experiência (página 127).

7. Crie uma lista de pessoas que fazem o que você gostaria de fazer. Pesquise de uma a três coisas de cada uma dessas pessoas que você pode incorporar em sua estrada para a grandeza.

8. Rabisque "Quem disse?" e "Por que disse?" em um post-it. Grude no seu computador para usar na próxima vez que alguém criticar seu sonho.

9. Vença a matemática da crítica revertendo os números. Pegue a resposta negativa que recebeu e divida por todas as positivas. Por exemplo, três resenhas de uma estrela na Amazon do meu último livro divididas pelo número de livros que vendi significa que 0,004% das pessoas odiaram. Se minha filha tirar nota 99,996 numa prova, eu não me preocuparia pelos 0,004% que ela errou. Encontre seu número real e escreva. Então ria de como é bobagem deixar que 0,004% das pessoas controlem seu dia.

10. Comece uma lista preventiva de agradecimento. Quando chegar na terra da Colheita, você pode achar que conquistou tudo sozinho. Não foi. Crie uma lista das pessoas que você precisa agradecer quando tiver sucesso.

11. Comece a procurar um colega de viagem, alguém que está correndo atrás do próprio sonho. Amigos-espelho são essenciais, mas um companheiro de viagem terá sabedoria de trincheira e conselhos que um amigo-espelho pode não ter.

12. Sacrifício é um acelerador. Crie uma lista de coisas que você está disposto a sacrificar na busca da grandeza. Depois, quando estiver bravo por não poder ir a algum lugar ou fazer algo porque está dedicado a uma vitória de longo prazo, reveja a lista e lembre-se por quê.

13. Crie uma caixa cheia de munição para justificar por que você não vai desistir antes da grandeza. Em alguns dias, "trabalhar para que meus filhos tenham um futuro melhor" será o suficiente. Em outros, "amigos por quem sou responsável" será o suficiente. Nos momentos quando ficar difícil continuar, você ficará feliz de ter 101 razões para não desistir.

14. Identifique um pedacinho de Central Park em sua vida (página 138).
15. Anote três de suas expectativas para a estrada à frente. Por exemplo, "Espero ter um novo emprego nos próximos seis meses em Austin, Texas". Detalhe-as o mais especificamente possível para garantir que você não está abrigando nenhuma expectativa "secreta" (páginas 138-140).

A TERRA DA COLHEITA

1. Ninguém desiste quando já consegue ver a linha de chegada. Se sua colheita parece longe, crie uma série de pequenas linhas de chegada para que a cada dia ou semana você possa ter um pouquinho de colheita escondida. Exemplo: Escrever um livro demora para sempre, então eu criei linhas de chegada para cada capítulo e, às vezes, até uma contagem diária de palavras para me manter animado.
2. Pergunte ao seu amigo-espelho ou colegas de viagem se eles acham que você pegou alguma saída ou subiu alguma escada do merecimento pelo caminho na estrada da grandeza (páginas 150-151).
3. Não seja um babaca. Repita isso sempre que necessário.
4. Essa última foi fácil, né? Provavelmente levou dez segundos. Para levá-la ainda mais longe, pergunte a alguém que o ama o suficiente para dizer algo que você não gostaria de ouvir, "Tenho sido um babaca ultimamente?".
5. Faça uma lista de "pagamentos de ações" que você está depositando como crédito de seu sonho. Se a lista é pequena, não reclame quando a colheita também for. Se não estiver bom para você, pague mais (páginas 152-153).
6. Construa uma mesa do fanfarrão (páginas 161-163).
7. Se a colheita não parece tão grande quanto você esperava, faça o teste das 10.000 horas, usando o princípio de Ericsson de quanto tempo leva para criar a especialidade. Some todas as horas que trabalhou por seu sonho. Se der menos de 10.000, não se preocupe

com o tamanho de sua colheita. Ainda falta o domínio. Se for mais de 10.000 horas e a colheita continua pequena, seja paciente. Ervas-daninhas crescem rápido; safras melhores levam tempo.

8. Faça uma lista de coisas que o levaram à Colheita e que você não precisa mais fazer e outra com aquelas que precisa continuar fazendo. Exemplo: Para aumentar minha comunidade de blog, eu inicialmente costumava comentar em dúzias de outros blogs. Depois que ele cresceu e eu tinha meu próprio tráfego, tive que parar de comentar tanto em outros blogs e, em vez disso, me concentrar em escrever mais no meu.

9. Confira para garantir que a "autossabotagem" não está mostrando a cabeça feia dela. Há situações no momento em que você se pega fazendo buracos no próprio barco? Se a resposta é sim, chame isso pelo nome – "medo do sucesso" – e dê um soco na cara disso.

10. Reveja suas listas de diamantes e pedras para garantir que nenhuma mudança indesejável tenha acontecido com suas prioridades no meio do caminho.

A TERRA DA ORIENTAÇÃO

1. Garanta que as coisas que você adquiriu na terra da Colheita (dinheiro, elogios, fama, sucesso etc.) sejam meras consequências de sua grandeza, não a razão para ela. Coisas ótimas se transformam em grandes retornos se não formos cuidadosos.

2. Quando foi a última vez que você falhou? Você vem arrastando isso há tempo demais? Ou está descansando nos louros do sucesso que experimentou? Se sim, evite os dois retornos de volta para a média lançando um novo pequeno experimento para seu sonho (páginas 182-184).

3. Usando a técnica do "estudante de si mesmo, escreva os três melhores jeitos que você poderia usar para orientar alguém. Exemplo: Sou ótimo em interações "um a um"; sou melhor falando para grupos de dez ou menos etc.

4. Faça uma lista de três pessoas em sua vida que você poderia orientar no momento.

5. Liste três sucessos que você podia compartilhar com alguém.

6. Liste três fracassos que você podia compartilhar com alguém.

7. Escolha um dia da semana que você vai separar para deliberadamente orientar outra pessoa. Exemplo: Todas as manhãs de sexta você precisa sair para tomar café da manhã com alguém que precisa de algum conselho ou encorajamento. Não vai acontecer se você não for atrás.

8. Crie uma lista de pessoas que você aceita desapontar, desde que passe tempo dirigindo para a orientação (páginas 185-187).

9. Identifique uma nova parte de sua vida para levar de volta à Estrada da grandeza. Reveja a "lista para mais tarde" da terra do Foco, se você criou uma.

10. Reveja o diário que você vem mantendo. Ou blog, ou qualquer que seja a forma de registro que melhor atende o monitoramento de seu progresso. Se você vai marchar pela estrada de novo, ajuda saber onde os dragões e buracos estão para que você os evite na segunda viagem.

11. Comece de novo.

SAIBA TAMBÉM:

10 MANEIRAS DE ACELERAR A GRANDEZA COM AS REDES SOCIAIS

Queria poder colocar uma placa em frente à minha casa com os dizeres: "Eu conheço o Google". Assim, quem quer que continue entregando aquelas páginas amarelas de doze quilos poderia pular a nossa porta. Toda vez que recebemos uma delas, ela vai direto para a reciclagem, porque, na hora que ela é impressa, já está desatualizada. Livros sobre mídias sociais geralmente sofrem do mesmo problema. A indústria toda está se movendo tão rapidamente que o tempo que a tinta leva para secar na frase em que você diz para as pessoas "criarem uma presença no MySpace", o Facebook já acabou com ele. (Uma notável exceção deste problema é o livro de Michael Hyatt, *Platform*.)

Então, em vez de dicas sobre tecnologias específicas que estarão desatualizadas amanhã, aqui estão dez princípios que usei para construir minha tribo e acelerar minha grandeza. Aqui estão os princípios que dominaram a primeira década de mídia social e continuarão a ter um papel relevante nos próximos cem anos.

1. ENTENDA POR QUE VOCÊ ESTÁ USANDO AS REDES SOCIAIS PARA COMEÇO DE CONVERSA.

No ótimo livro *Start with Why*, Simon Sinek encoraja os leitores a se perguntarem "por quê?" antes de começarem qualquer nova tentativa. Essa lógica certamente se aplica às mídias sociais. A maioria dos negócios e indivíduos se jogam na internet, se inscrevem em 32 plataformas diferentes e nunca param para se fazer aquela pergunta. "Por que estou usando redes sociais?" É uma maneira divertida de manter contato com os familiares? Está tentando entrar em contato com clientes em potencial? Está tentando prestar serviços a clientes que já existem? Está tentando construir uma plataforma que deixará sua próxima entrevista de emprego mais fácil? As respostas a essas perguntas são infinitas, mas a que importa é a sua. Qual é seu objetivo com as mídias sociais? O meu é ajudar a dar um tranco em pessoas que se sentem travadas. "Tranco" significa que sou o momento criativo inicial, que é ótimo para ajudar alguém a se desatolar, mas não é ótimo para o acompanhamento do plano de vinte anos. Então eu tendo a usar ferramentas online que oferecem explosões curtas de informação. Como o Twitter. Por outro lado, falhei em um conceito de blog que criei chamado *#FinishYear*, porque escrever sobre exatamente a mesma coisa por um ano inteiro não é no que sou bom. Molde mais ou menos seu objetivo com a mídia social, e então você pode realmente começar a aplicar o resto dos princípios.

2. ESCOLHA SEUS LUGARES.

A parte mais esmagadora da mídia social é que, quando você terminar de ler esta frase, uma tecnologia nova já será a mais popular. Você vai terminar este livro e seu amigo hipster vai dizer: "Você não tem conta na laranja de ponta cabeça 2.9? Você ainda usa Facebook? Argh, ninguém mais usa isso". Todos nós temos "exaustão de perfil", a sensação de cansaço que sentimos quando alguém nos manda um convite para mais uma rede social que deveríamos usar. Vamos acabar com esta preocupação agora mesmo – você não precisa estar ao mesmo tempo em todos os lugares da internet. Você só precisa escolher seus lugares. Dependendo de seus objetivos, escolha de um a três lugares onde quer estar envolvido. Se você for uma empresa, vá onde estão seus consumidores. Se você é um indivíduo, vá onde sua paixão está. Não acredite no mito do "tudo ou nada" das redes sociais. Escolha seus lugares com cuidado. (Meus lugares são o Twitter, meu blog *jonacuff.com* e o Pinterest. Não faço quase nada no Facebook.)

3. USE SEUS PONTOS FORTES.

Faça a rede social usar seus pontos fortes, e não o contrário. Por exemplo, sou um péssimo fotógrafo. Nunca chegarei a ter uma página popular no Instagram pela qualidade de minha fotografia. Sou um escritor. Esse é meu ponto forte. Então, em vez de perder tempo tentando me tornar um bom fotógrafo, faço algo totalmente diferente. Escrevo pensamentos simples e que podem ser divulgados em post-it. Então tiro uma foto daquele bilhete e posto no Instagram. Essas fotos ganham mais "likes" do que qualquer outra foto que eu faça. Por quê? Porque sou um escritor que encontrou uma maneira de "escrever" em uma plataforma de fotos. Não ache que você precisa desenvolver algum talento completamente diferente para dominar as redes sociais. Faça a plataforma obedecer aos pontos fortes que já tem.

4. CONCENTRE-SE EM SUA ESTRATÉGIA DE CONTEÚDO ANTES DE SUA ESTRATÉGIA DE PROMOÇÃO.

Imagine que você tem uma loja. Você vai ter uma grande inauguração. Passou horas e horas promovendo seu grande dia. Gastou milhares de dólares convidando as pessoas para a abertura, fazendo tudo que podia para atrair tráfego para o seu ponto. Chegou o dia, o estacionamento estava lotado de pessoas, foi um enorme sucesso... e então você abre as portas. E todas as prateleiras estão vazias. Na empolgação em promover sua loja, você esquece de montar o estoque. Você tinha um layout impecável. O design é inacreditável... mas não importa. As pessoas esperavam produtos. E assim que dão uma olhada pela cortina, por assim dizer, e percebem que a loja está vazia, vão embora e nunca mais voltam.

Isso é o que é o conteúdo no mundo das mídias sociais. Conteúdo = produtos.

Mesmo que você nunca queira vender nada pelas redes sociais, se quer construir uma comunidade, precisa ter um alicerce sobre o qual pode fazer isso. E esse alicerce é o conteúdo.

Se você começar com a promoção, a estrutura será bem conhecida e bem ignorada. Se você começar com o design, a estrutura será linda e vazia. Se começar com a comunidade, a estrutura será temporariamente lotada e eventualmente abandonada.

Conteúdo é o rei. Conteúdo é o dinheiro.

Conteúdo é essencial. No modelo de jornalismo velha-guarda, "Quem? O quê? Quando? Onde? Por quê?", conteúdo é o "O Quê?". O que você vai criar? O que vai escrever nos blogs? Que vídeos vai compartilhar?

5. SEJA HONESTO.

Um dos desafios das mídias sociais é que é difícil se destacar. Coloquei no Google a frase "blog mãe" e houve 341 milhões de resultados. Todos os meses, milhões de pessoas entram no Facebook e Twitter. O Youtube tem 92 bilhões de *page views* por mês. Como você pode conseguir se destacar no meio de tanta coisa?

A resposta mais comumente dada é "talento".

Você precisa ter mais talento ou o melhor talento ou o maior talento. E há trinta anos talvez isso fosse verdade. Mas nos últimos vinte, honestidade tem se tornado tão importante quanto talento. Por quê?

Bom, graças à internet e à globalização, nós agora temos acesso a mais talento do que nunca antes na história da humanidade. Pense nisso. Você sabe onde aquela banda que você achou online estava tocando há vinte anos? Na garagem deles; você não sabia que existiam. Há vinte anos, aquele diretor que faz vídeos engraçados para o Youtube ou *Funny or Die*, sabe onde ele estava mostrando seus filmes? Na sala de estar. Você não tinha acesso ao trabalho dele. Você sabe onde sua blogueira favorita escrevia seus pensamentos há vinte anos? No diário. Na cabeceira. Ela já escrevia coisas incríveis, mas você não podia ler.

Nos últimos vinte anos, todos nós ganhamos mais acesso a mais talento do que jamais podíamos imaginar. (Reconheço que há muita bobagem também.) Mas o que acontece é que a piscina de talento está muito cheia no momento. Está lotada. Não há muito espaço para dar braçadas nela. Mas e a piscina da honestidade?

Essa é uma história completamente diferente. Você pode nadar até de costas nela. Tem todo o espaço do mundo. Ninguém diria que, nos últimos anos, nos tornamos uma cultura mais honesta. (Programas como *TMZ* têm exposto muita roupa suja, mas ser flagrado não é a mesma coisa que ser honesto.)

Então, se você quer se destacar na internet, se quer nadar a braçadas largas nas mídias sociais, seja honesto.

Essa informação não é nada. Os melhores marqueteiros do mundo já sabem disso e estão correndo atrás da honestidade o mais rápido que podem. Pegue a Nike, por exemplo.

Nos anos 1990, empresas como Nike e Gatorade costumavam dizer a você para "ser como Mike". A propaganda era exagerada, praticamente prometendo que, se você comprasse o Air Jordan, provavelmente seria capaz de fazer enterradas no dia seguinte. E nós acreditávamos. Acreditávamos em um tal nível que os jovens passaram a se matar por causa de tênis.

Sabe qual era o slogan de uma campanha recente da Nike? "This shoe works if you do [Este tênis faz o que você fizer]."

Espere, como? Onde está a bravata? Onde está a promessa? É uma mudança de 180 graus das propagandas que costumavam usar. Mas eles sabem que a atual geração tem o radar mais afiado para o marketing que já existiu. Eles querem honestidade. É isso que vai se destacar, e a Nike sabe disso.

Seja honesto online. Essa foi a maior razão para o crescimento do meu blog. Falei honestamente sobre algumas das coisas ridículas que fazíamos em nome da fé, e as pessoas não tinham visto muito disso online.

A mídia social é um megafone ou uma máscara. Vai ampliar o que você é ou esconder o que você é. Seja honesto e amplifique.

6. NÃO ACHE QUE A REDE SOCIAL É UMA BALA DE PRATA.

Quando os leitores do meu blog construíram aquelas duas creches no Vietnã, o *Atlanta Journal-Constitution* escreveu um artigo sobre a primeira. A manchete era "Blogueiro levanta US$ 30.000 em 18 horas". Tecnicamente, o título estava certo, mas deveria ser: "Blogueiro levanta US$ 30.000 em 18 meses".

Foi isso que realmente levou para levantar o dinheiro. Por 18 meses, eu escrevi o *Stuff Christians Like* de maneira consistente. Derramei um milhão de palavras das melhores ideias que podia pensar em forma de conversa com os leitores. Dia após dia, post após post, com consistência, mergulhei na discussão que acontecia no *Stuff Christians Like*.

Não cheguei um dia do nada e disse: "Oi, meu nome é Jon. Você nunca ouviu falar de mim. Me dê dinheiro para uma creche", mas às vezes achamos que é assim que a rede social funciona. Assistimos a certas ideias se tornarem virais e achamos que nossos negócios, causas ou blogs deveriam fazer o mesmo. Queremos que a mídia social seja uma bala de prata. Eis a verdade:

A mídia social não é uma bala de prata. É um milhão de balas grátis.

Se você tentar algo por um mês e desistir, não vai mudar o mundo. Se você escrever um blog por noventa dias e desistir, não vai mudar o mundo. Se brincar com o Twitter por uma semana e parar, não vai mudar o mundo.

7. NÃO REINVENTE A RODA.

Quando discutimos nossos planos para construir um microsite para este livro, sabe qual foi a primeira pergunta feita? "Como Michael Hyatt desenhou o microsite dele?" Por que perguntamos isso? Porque ele é um gênio, e você nunca deve reinventar a roda nas redes sociais. Sabemos que eles e outros autores criaram muito cuidadosamente seus microsites. Podíamos estudá-los, acrescentar nossos próprios aspectos particulares e pular semanas de adivinhações inúteis. Se você tem a resposta para a primeira pergunta – por que está usando as redes sociais – e entende o que é seu conteúdo, comece a pesquisar. Ache outros gigantes das redes sociais em sua esfera, que já estejam fazendo um trabalho brilhante, e cresça a partir daí.

8. UMA VEZ QUE VOCÊ SAIBA DO QUE TRATA, OS OUTROS TAMBÉM SABERÃO.

Alguns meses atrás, jantei com um amigo meu. Ele é um consultor de mídias sociais. Ganha milhares de dólares para ajudar empresas com suas estratégias de mídias sociais. Durante o jantar, ele se inclinou e confessou algo baixinho, "Sei que deveria estar usando o Google Plus, mas não sei exatamente o que deveria fazer".

E por mais bobo que possa parecer, eu sinto a mesma coisa.

Tenho certeza de que é ótimo. Afinal de contas, é o Google! Quem não ama o Google? Mas sempre que eu o checo, ou logo, ou qualquer que seja o verbo que você usa quando se trata do Plus, não sei bem o que fazer.

Tenho certeza que deve haver alguma corrente de debate em algum lugar dentro da plataforma. Deve haver uma razão para ela ser incrível, mas não consigo achar. Então, após alguns minutos fuçando, volto às plataformas que sei usar, Twitter e Pinterest.

E acontece que é o mesmo que muita gente faz. O *Wall Street Journal* reportou, "visitantes em computadores pessoais gastaram uma média de três minutos por mês no Google Plus entre setembro e janeiro, contra seis ou sete horas no Facebook a cada mês pelo mesmo período, de acordo com a *comScore*, que não usou dados de usabilidade móvel."[1]

O Google Plus vai se recuperar? Talvez. É uma equipe brilhante, mas se se recuperar até a época que este livro for lançado, será porque se deteve em uma coisa: clareza.

Clareza é o caminho para cavar um espaço no mundo entulhado das mídias sociais. É como você diz aos seu leitores e seguidores e fãs e clientes: "É disso que eu trato". É sua ideia despida à essência, para que a geração mais distraída da história da humanidade possa instantaneamente entender onde você se encaixa na paisagem da rede social.

Isso leva tempo. Nenhum blog acaba um ano depois sendo exatamente como você planejou. Nenhuma campanha de mídia social faz exatamente o que você espera que faça. O único jeito de desenvolver sua voz é usar sua voz. E, muitas vezes, você tem que usar aquela voz de seis meses a um ano antes de achar sua clareza.

O que isso parece para um indivíduo como você?

Permita-me compartilhar as primeiras trinta palavras que você vê no topo do blog *Pocket-Sized Stories*: "Quando você dá aula no jardim de infância, as coisas que traz para casa nos bolsos contam a história do dia. Todo dia, esvazio meus bolsos e conto minha história."

Isso é perfeito. Quem está escrevendo esse blog? Um professor de jardim da infância.

Sobre o que é? As coisas em seus bolsos no fim do dia.

Por que é interessante? Porque essas coisas contam uma história.

Em trinta palavras, o autor do blog dá uma razão incrivelmente convincente para que se leia o blog dele.

Isso é importante hoje?

Sim. E será ainda mais importante amanhã, porque todos os dias 100.000 novos blogs começam. Clareza é uma ótima maneira de se diferenciar da massa. Apesar de ser mais difícil de explicar seu blog quando

---

1   Amir Efrati, "The Mounting Minuses at Google+", *Wall Street Journal*. Em 28 de fevereiro de 2012.

ele tem múltiplos tópicos (liderança, paternidade, escrita etc.), isso ainda precisa ser feito.

Você pode resumir sua abordagem nas mídias sociais em trinta palavras ou menos?

9. RECONHEÇA O RIDÍCULO PODER DO CONTEXTO.

Contexto muda tudo, e eu aprendi isso em uma maternidade em Boston há nove anos.

Minha esposa tinha dado à luz nossa primeira filha, L.E., no Hospital Brigham and Women's, perto de Fenway Park. Enquanto eu voltava para o quarto com pedaços de gelo (o único valor real que eu era capaz de prover nas primeiras 24 horas), notei algo do lado de fora da janela. Andei até a beirada da sala de espera e não acreditei no que vi.

Oito andares abaixo de onde eu estava vi um outdoor de uma perua Toyota. O que me surpreendeu foi como ele estava posicionado. Você não podia ver da rua. Se estivesse dirigindo por Boston, não podia ler o outdoor, nem mesmo saber o que anunciava. O ângulo visto da rua era horrível, mas algum gênio da propaganda não ligava para a rua. Ligava para a sala de espera onde eu estava naquele instante.

O outdoor estava virado perfeitamente para chamar minha atenção. O outdoor apontava para uma janela, uma janela onde novos pais e novas mães e novos avós estavam sentados. Pessoas que, de repente, tinham uma profunda necessidade de ter uma perua. Pessoas que tinham entrado em uma nova temporada de vida e estavam de repente muito interessados em um veículo que eles podem ter ignorado antes de entrar no hospital.

É isso que o contexto faz. Pega uma ideia e a coloca no exato momento que você precisa. E é tão poderosa que pode até transformar uma propaganda em conteúdo.

Por exemplo, quando eu trabalhei na *AutoTrader.com*, uma empresa fantástica, nossa página mais popular era a ferramenta de busca. Quando alguém buscava um carro, mostrávamos uma propaganda. Se você buscasse um Honda Civic usado e nós mostrássemos uma promoção para financiamento de casa, isso era uma propaganda. Estava fora de contexto.

Se, no entanto, você estivesse procurando um carro novo porque estivesse se mudando para uma casa nova mais longe do trabalho, a mesma promoção deixaria de ser uma propaganda. Seria conteúdo, algo útil que providenciamos quando você precisava.

Para voltar à metáfora da loja, contexto é o que você coloca perto do caixa. A Target não coloca televisores perto do caixa porque isso ficaria fora de contexto. Ninguém está passando as compras e de repente fala: "Ah, que bom, eu precisava mesmo pegar uma TV de 42 polegadas, e tem uma aqui bem no caixa!". Em vez disso, a Target coloca pequenos itens ali: pilhas, protetores labiais, coisas que você esqueceu de pegar mas é provável que compre no último minuto. Eles colocam seu produto (conteúdo) no lugar certo (contexto).

Onde você vai compartilhar seu conteúdo? Onde as pessoas estão procurando seu conteúdo? Elas estão em um momento da vida em que seu conteúdo pode ajudar?

10. COMECE DEVAGAR E PEQUENO.

O cara que criou o *Pocket-Sized Stories* não está mais escrevendo, o que é uma pena, porque o site era ótimo. O que houve? Não tenho certeza, mas ele pode ter sido vítima de um problema que destrói muita gente online. Produção. A parte mais difícil da mídia social é manter o conteúdo em movimento. Muita gente começa com objetivos que são ambiciosos demais. Dizem: "Vou atualizar o blog todos os dias!". Aí, na terceira semana, estão exaustos e desistem. Regule sua mídia social do jeito certo começando devagar. Se tem um blog, comprometa-se a dois posts por semana por três meses. São apenas 24 posts em noventa dias, o que é bem factível. E é sempre melhor acrescentar conteúdo do que tirar. Leitores amam quando você diz: "Venho postando dois dias por semana, mas tenho adorado, então vou aumentar para três por semana".

Ficam frustrados quando você diz: "Tenho postado seis dias por semana, mas não consigo mais e tenho que diminuir para dois dias por semana".

Não crie a meta de conquistar o mundo com seus tuítes só para desistir no terceiro dia, quando perceber que o mundo é bem grande.

SAIBA TAMBÉM:

10 COISAS PARA FAZER SE VOCÊ ESTÁ DESEMPREGADO

Perdi meu emprego mais ou menos uma hora depois de me casar. Estou exagerando, mas isso reflete o que meus sogros provavelmente pensaram sobre a situação quando eu levei sua filha da Georgia para Boston por causa do meu emprego, depois de nosso casamento, e imediatamente fui demitido. Esses não foram meses divertidos.

E muita gente está na mesma situação agora. Não importa se você perdeu o emprego ou se formou em uma área que não é promissora, aqui estão dez coisas que precisa fazer agora.

1. LEMBRE-SE DO QUE PERDEU.

Você não perdeu sua identidade; perdeu seu emprego. Medo e dúvida sempre tentam inverter isso, fazer você pensar que você perdeu a si mesmo, quando tudo que perdeu foi um emprego ou não conseguiu um logo que saiu da faculdade. Bobagem. Você não perdeu sua identidade, perdeu um cargo. Perdeu uma cadeira em um prédio. Ainda pode ser um ótimo pai, uma ótima esposa, um milhão de coisas. Não dê ouvidos ao medo e à dúvida neste momento.

2. SEJA HONESTO COM A AGENDA.

A segunda mentira que o medo e a dúvida contarão nesse momento é que isto é para sempre. Você não vai ficar sem emprego por uma semana, um mês ou mesmo um ano; é para o resto da vida. Você nunca mais vai encontrar outro emprego. Ninguém contrata alguém com cinquenta ou vinte anos. Você vai ficar desempregado pelas próximas três décadas. Não é verdade. Isto é uma temporada, e apesar de sempre parecer maior do que queremos, vai acabar. Prometo.

3. INVERTA OS NÚMEROS.

Eu sinceramente acredito que esta é a melhor época da história da humanidade para encontrar um novo emprego. Vinte anos atrás você não podia pesquisar empresas inteiras em questão de minutos na internet. Não podia se candidatar a cem vagas em um só dia ou encontrar freelances rápidos no Craigslist. Mas quando você assiste ao jornal e acompanha a taxa de desemprego como se fosse ações da bolsa, pode ser meio desanimador. Então, da próxima vez que ouvir a taxa de desemprego, quero que você inverta os números. Um universitário de 22 anos me ensinou isso. Disse a ele que eu tinha ouvido que a taxa de desemprego era alta para recém-formados. Ele sorriu e me disse: "Claro, a taxa de desemprego é alta. Mas mesmo se for de 20%, isso só significa que você precisa estar no top 80%. Você não consegue ser um B-?". Inverta os números.

4. PENSE NOS SEUS CÍRCULOS.

Estar desempregado gira em torno da administração de três círculos diferentes: Geografia, Indústria e Compromisso. Quanto mais tempo você estiver desempregado, mais deliberadamente você precisa expandir esses círculos. Por exemplo, nos primeiros dois meses, você pode simplesmente procurar emprego em sua cidade. Durante o segundo e terceiro meses, você pode expandir para outras cidades em seu estado. Se você passar por um desemprego prolongado, pode precisar expandir sua busca a outros estados, talvez até outros fusos horários. O mesmo se aplica à indústria que procura e ao comprometimento que quer (integral, meio-período ou por hora). Quer acelerar potencialmente sua procura? Expanda os círculos logo.

5. ACHAR EMPREGO É SEU NOVO EMPREGO.

Nem pense em si mesmo como desempregado. No minuto em que você foi dispensado ou se formou sem uma vaga encaminhada, você pegou um novo emprego. Chama-se "encontrar um emprego". Esta é sua ocupação integral, quarenta horas por semana. Convoque um amigo que vai cobrá-lo e ajudá-lo a monitorar os resultados do seu "trabalho". Crie métricas de performance como "currículos enviados", "vagas a que me candidatei" etc. Não tenho números sobre quantas pessoas de fato fazem esse tipo de esforço para encontrar um novo emprego, mas pergunte aos amigos que você sabe que estão desempregados. As chances são de que praticamente nenhum deles está tratando a busca por um novo emprego como seu novo emprego.

6. ARRUME UM EMPREGO TAPA-BURACO.

Isso é 100% mais fácil de escrever em um livro do que de fato fazer, mas não significa que não seja verdade. Você pode precisar de um emprego tapa-buraco, algum tipo de ocupação de meio-período que

arranque a cabeça de monstros como "cortar a luz", "pegar o carro de volta" ou "voltar para a casa dos pais". Esse é um tipo de emprego para colocar o ego de lado, do tipo nunca-achei-que-fosse-trabalhar-aqui-
-mas-tempos-difíceis-pedem-medidas-difíceis. Por exemplo, no dia que escrevi esta parte do livro, vi uma padaria contratando para assar pães das 23h às 7h. Isso não é fácil. Isso não é legal. Mas é um ótimo emprego tapa-buraco. E nem por um instante acredite na mentira: "Se eu pegar um emprego de meio período, não vou conseguir ir a entrevistas ou procurar um emprego em período integral". Isso é ridículo. Que entrevista de emprego você vai ter que cancelar às 4h da manhã porque está assando pão?

7. FIQUE EM FORMA EMPREGATÍCIA.

Ter um emprego é como correr uma maratona. E a primeira coisa que a maior parte das pessoas faz quando perde o seu é ficar o mais gordo possível. Paramos de acordar cedo. Desistimos de nossos horários. Acabamos com qualquer senso de estrutura em nossas vidas e então, de vez em quando, corremos para uma entrevista de emprego, completamente confusos sobre o fato de não termos ido bem. Quando você não tem emprego, precisa ficar em forma empregatícia. Este foi um dos poucos requisitos de minha esposa quando eu perdi o emprego. Ela tinha que acordar às 6h30 para o emprego dela, e eu fazia o mesmo. Então todos os dias da semana eu acordava cedo, tomava banho, vestia-me e ficava pronto para o dia começar. Se não fosse assim, eu ficaria acordado até tarde da noite vendo reprises de *Seinfeld* e comendo *queso* em atacado, e então dormindo até tarde. Não saia de forma só porque você não tem emprego.

8. LIGUE-SE A UMA COMUNIDADE.

Como discutimos antes neste livro, o medo teme a comunidade. O medo sempre tenta isolá-lo e colocá-lo em uma ilha. Isso vai acontecer quando você perder o emprego. O mais rápido que puder e o quanto servir à sua maneira de se envolver com as pessoas, tente ligar-se a uma comunidade de pessoas que estão procurando novos empregos. A economia criou milhares dessas comunidades. Você pode ir a um centro comunitário, uma igreja, sua biblioteca, ou online para encontrar um grupo que vai encorajá-lo, desafiá-lo e ajudá-lo durante sua temporada de busca de empregos. Não vá sozinho.

9. COMECE UM BLOG.

Ou um feed no Instagram ou uma conta no Twitter ou uma página no Facebook ou qualquer tecnologia que seja a quente do momento. Por quê? Porque todo mundo que busca emprego vai dizer ao entrevistador: "Tenho paixão por essa área!". Então o entrevistador vai dizer: "É mesmo? Como assim?". Então o candidato vai dizer: "De jeitos, muitos jeitos diferentes. Tantos que eu mal posso citar um". Mas você? Você vai dizer: "Bom, eu tenho um blog onde escrevo sobre isso. Também estou ligado à comunidade online de especialistas da indústria. Talvez você se interesse por seguir minha conta no Twitter, onde eu faço uma curadoria dos melhores artigos sobre este campo". Você tem as ferramentas certas neste momento para impressionar os entrevistadores como ninguém antes. Use-as.

10. PONHA OS RESULTADOS NO TOPO.

Esta é incrivelmente tática, mas funciona. No topo dos currículos, a maioria das pessoas coloca as "missões" ou os "objetivos". Então digitam parágrafos que dizem coisas como: "Quero trabalhar em um ambiente voltado às pessoas e onde posso usar minhas habilidades para fazer o negócio progredir de maneiras inovadoras". Objetivos no topo dos currículos são inúteis. Por quê? Todo mundo pode dizer as mesmas coisas. Todos no planeta podem escrever coisas fofas sobre o que vão fazer. Isso não separa você da multidão.

Uma vez, o dono de uma das melhores agências de propaganda do país acabou comigo por usar palavras vazias como "objetivos" quando me candidatei a um emprego lá. Ele disse que todo candidato que tinha entrevistado disse a ele uma vez depois da outra o quão criativo e focado eram. Ele não ligava para isso. Ele ligava para o que eu tinha de fato conquistado.

Eu reescrevi meu currículo naquela semana. Em vez de missões e objetivos, comecei cada currículo com um pequeno parágrafo intitulado "Resultados". Em vez de cem palavras, resumi o que sentia que tinha conquistado e que podia ser relevante para determinado trabalho.

E algo estranho aconteceu. Recrutadores e departamentos de recursos humanos começaram a me perguntar sobre resultados. Em alguns casos, eles mal olhavam para o resto do meu currículo e já diziam, "Como foi trabalhar no Home Depot?". Ninguém nunca tinha me perguntado sobre nenhuma das frases sem sentido que eu colocava no meu parágrafo de objetivos.

Talvez seja fácil escrever seu parágrafo de conquistas ou resultados. Mas mesmo que não seja, prometo que você já fez algo interessante e importante em sua carreira. Se você já trabalhou em um emprego por um ou dois anos, estou falando de simplesmente criar uma frase interessante sobre aquela experiência. Um ano de trabalho, uma frase. Qualquer um – eu repito, qualquer um – pode fazer isso.

Mesmo se você é um recém-formado que acaba de entrar em um novo mercado, você tem uma frase ou duas que pode colocar naquele parágrafo que serão capazes de gerar perguntas, interesse e talvez até uma entrevista de emprego. Você tem quatro anos de faculdade de onde tirar algumas frases.

A boa notícia é que, independentemente do motivo de estar sem emprego, há algumas coisas bem táticas que você pode fazer para remediar isso. A notícia ótima é que todos temos vinte anos. Todos temos a chance de começar de novo e ser incrível de novo.

Só porque você está desempregado, não significa que tenha que ser mediano.

AGRADECIMENTOS

Primeiro e acima de tudo, a Deus. Obrigado por ser o Deus que resolve problemas com festas, que recebe pródigos de braços abertos.

Jenny Acuff, minha esposa absurdamente incrível. Sem você, eu estaria em alguma sarjeta escrevendo poesia gótica. Amo vocês, L.E. e McRae. Mal posso esperar para ler os livros que vocês vão escrever um dia! Mãe e pai, obrigado por me ensinarem a sonhar. Will, Tiffany, Bennett, Sally, Mac, Sawyer e Molly Acuff. John e Laura Calbert, os melhores sogros que um homem pode ter. Marci e Justin Saknini.

Dave Ramsey, que está constantemente me desafiando a começar. Seu apoio a este projeto tem sido nada menos que extraordinário. Preston Cannon, por acreditar neste livro quando ele era só uma ideia em um guardanapo. Jeremy Breland por lutar por este projeto ao meu lado. Jen Sievertsen, Katie Crenshaw, Brian Williams, Luke LeFevre, Erin McAtee, Darcie Clemen (que tornou este livro muito melhor!), Neal Webb, Liz Edwards, Beth Tallent, Chris Mefford (meu canadense favorito), Steve NeSmith, Josh Holloway, Lisa Mays, Dawn Medley (você é incrível!) e a equipe inteira do Dave Ramsey por sua inacreditável ajuda.

Brent Cole, o melhor editor do planeta. Sra. Harris, Grant Jenkins, Stephen Brewster, Mike Foster, Al Andrews (que foi citado um bilhão de vezes), Bob Goff, Mike, Lynn, Wendy, e Erin Maybury. Steven Pressfield. E a todos os leitores dos meus blogs. Não posso escrever livros sem sua generosidade.

Obrigado.

CONTINUE A CONVERSA

BLOG
JONACUFF.COM

TWITTER
@JONACUFF

FACEBOOK
FACEBOOK.COM/AUTHORJONACUFF

PINTEREST
PINTEREST.COM/JONACUFF

INSTAGRAM
JONACUFF

COMPARTILHE SUAS VOZES
NOMOREVOICES.COM

fonte
Minion

@novoseculoeditora
nas redes sociais

gruponovoseculo
.com.br